# 中国上市银行资本结构调整的绩效、诱因及动态模型研究

李喜梅 著

中国财经出版传媒集团
中国财政经济出版社

#### 图书在版编目（CIP）数据

中国上市银行资本结构调整的绩效、诱因及动态模型研究/李喜梅著．—北京：中国财政经济出版社，2018.7

ISBN 978-7-5095-8342-5

Ⅰ.①中… Ⅱ.①李… Ⅲ.①商业银行-上市公司-企业管理-研究-中国 Ⅳ.①F832.33

中国版本图书馆 CIP 数据核字（2018）第 135656 号

责任编辑：郁东敏　　　　责任校对：徐艳丽
封面设计：秦聪聪

中国财政经济出版社 出版

URL：http://www.cfeph.cn

E-mail：cfeph@cfeph.cn

（版权所有　翻印必究）

社址：北京市海淀区阜成路甲 28 号　邮政编码：100142

营销中心电话：010-88191537　北京财经书店电话：64033436　84041336

北京财经印刷厂印刷　各地新华书店经销

787×1092 毫米　16 开　7.5 印张　84 000 字

2018 年 11 月第 1 版　2018 年 11 月北京第 1 次印刷

定价：38.00 元

ISBN 978-7-5095-8342-5

（图书出现印装问题，本社负责调换）

本社质量投诉电话：010-88190744

打击盗版举报热线：010-88191661　QQ：2242791300

本专著出版得到了以下广东省科技计划项目的资助：广东省科技金融与大数据分析重点实验室（2017B030301010）、广东省科技金融重点研究基地（2014B030303005）、基于O2O模式的新型科技信贷服务平台建设（2017B080802004）、广东省科技金融综合服务中心信息化平台（2015B080807015）、广东省科技企业信用融资与信用交易平台（2014B080807035）等项目。

# 序 Preface

近几年，国内商业银行纷纷上市，使中国上市银行总资产占整个银行业的比例达60%以上。那么商业银行的上市，究竟仅仅是因为适应最低资本充足率的需要？还是因为实现利润最大化而对自身资本结构的主动调整？随着商业银行的发展，其最优资本结构也是动态变化的，那么，这种动态调整会呈现什么样的规律？在这些问题中，大型国有上市银行与中小上市银行又呈现出怎样的差异？诸如此类问题，无论对于商业银行的资本管理还是国家的宏观监管调控，均显得非常迫切和重要。

本书首先从国有与中小股份制上市银行角度，对我国上市银行资本结构分别从股权结构与债权结构两个方面进行分析。

接下来在第三章将关注点聚焦于"三性"原则下中国上市银行资本结构与绩效的关系上，按照"三性"原则并通过主成分分析法，获得一个商业银行绩效的综合指标来估计两者关系。实证结果表明，股权结构、资本充足率与银行规模三者与银行绩效有显著的关系：一是国有股占主体的这一特性能促进银行绩效的提高；二是资本充足率是促进商业银行绩效提高的重要因素，应成为商业银行治理的重要内容；三是商业银行规模越大越不利于综合绩效的提高。

可见，商业银行的资本结构对其绩效影响显著。但那到底是哪些因素决定了商业银行的资本结构？因此，第四章运用中国上市银行2003—2010年的面板数据对商业银行资本结构的影响因素进行实证研究，重点在于从商业银行要受到严格的资本管制这一重要特征出发，分析到底是最低资本充足率要求还是一般公司资本结构影响因素决定了我国上市银行的资本结构。研究结果表明：最低资本充足率要求、一般公司资本结构因素以及从宏观经济因素均是决定商业银行资本结构的重要因素。因此，从微观层面讲，商业银行应该加强自身公司治理机制的完善，按照"三性"原则，调整与优化自身资本结构。从宏观层面看，国家要审慎制定资本充足率要求，按照新巴塞尔协议修正要求，确定合适的有利于逆周期监管的资本充足率，促进商业银行风险的防范。

为了考察上市银行的资本结构会以什么样的规律而动态变化，本书第五章首次在中国股份制中小上市银行的资本结构研究中考察了权益和负债比率的动态调整问题，结果表明：

（1）中国中小上市银行权益比率与负债比率的决定机制互相依赖。

（2）中国中小上市银行的存款类负债更多地受到宏观经济变量的影响。

（3）选择"银行职工人数"作为工具变量，较好地解决了模型中"规模"变量的内生性问题。

# 目录

**第1章 绪论** ………………………………………………………… 1
  1.1 问题的提出 ………………………………………………… 3
  1.2 国内外研究现状述评 ……………………………………… 6
    1.2.1 商业银行资本结构与绩效 ………………………… 6
    1.2.2 关于商业银行资本结构影响因素方面 …………… 7
    1.2.3 商业银行资本结构动态调整方面 ………………… 10
    1.2.4 现有研究述评 ……………………………………… 14
  1.3 研究思路及研究内容 ……………………………………… 15
  1.4 创新之处 …………………………………………………… 16

**第2章 中国上市银行资本结构现状** ………………………………… 17
  2.1 中国上市银行股权结构现状 ……………………………… 20
  2.2 中国上市银行的债权结构 ………………………………… 28
    2.2.1 国有上市银行负债结构比较平均，活期存款占总负债比和定期存款占总负债比相当 …………… 28
    2.2.2 国有上市银行活期存款占总负债比和定期存款占总负债比的发展趋势正好相反 ………………… 30
    2.2.3 中小股份制上市银行的活期存款占总负债比和定期存款总负债比各有特点，个别表现不稳定 …………………………………………………… 31

2.2.4　各家股份制商业银行同样面临高杠杆率即
　　　　　　高财务风险 ·················································· 32
　　　2.2.5　股份制上市银行的活期存款占总负债比和
　　　　　　定期存款占总负债比都保持在大致的水平上
　　　　　　·································································· 33
　　　2.2.6　中小股份制上市银行的杠杆比率与国有上市
　　　　　　银行的无太多差异 ······································ 34
　　　2.2.7　两类银行的平均活期存款占总负债比和平均
　　　　　　定期存款占总负债比的发展趋势不同 ········· 34
　　　2.2.8　两类银行的平均杠杆比率处于同一水平 ······ 35

## 第3章　"三性"原则下中国上市银行资本结构与绩效关系的实证研究 ························································· 37
### 3.1　数据来源、理论假设、样本描述与估计方法 ············ 39
　　　3.1.1　数据来源及变量定义 ································ 39
　　　3.1.2　理论假设 ················································· 41
　　　3.1.3　样本数据的统计性描述 ···························· 41
　　　3.1.4　方程的估计方法 ······································ 42
### 3.2　"三性"原则下商业银行综合绩效的主成分估计 ··· 44
### 3.3　商业银行资本结构与综合经营绩效关系的实证
　　　分析 ················································································ 46
### 3.4　本章研究的政策意义 ····················································· 48

## 第4章　中国上市银行资本结构决定因素的实证研究 ············ 51
### 4.1　理论假设、变量定义及模型设定 ································ 53
### 4.2　数据来源、样本描述及估计方法 ································ 55
　　　4.2.1　数据来源及样本描述 ································ 55

4.2.2　估计方法 …………………………………………… 58
　　　4.2.3　模型阐述 …………………………………………… 59
　4.3　运行结果分析 ………………………………………………… 60
　　　4.3.1　假设一模型的运行结果分析 ……………………… 61
　　　4.3.2　假设二模型的运行结果分析 ……………………… 62
　　　4.3.3　假设三模型的运行结果分析 ……………………… 64
　4.4　本章结论及政策建议 ………………………………………… 65

**第5章　中国上市银行资本结构动态调整的实证分析** ……………… 67
　5.1　理论假设与模型设定 ………………………………………… 69
　　　5.1.1　基本假定 …………………………………………… 69
　　　5.1.2　基本模型设定 ……………………………………… 69
　　　5.1.3　对模型中可变调整速度的进一步分析 …………… 72
　5.2　数据来源、变量定义与估计方法 …………………………… 73
　　　5.2.1　数据来源与变量定义 ……………………………… 73
　　　5.2.2　估计方法 …………………………………………… 76
　5.3　计量回归分析 ………………………………………………… 77
　　　5.3.1　模型回归结果的总体分析 ………………………… 77
　　　5.3.2　参数估计结果的分析 ……………………………… 80
　5.4　稳健性检验 …………………………………………………… 83
　5.5　本章结论与政策建议 ………………………………………… 86

**第6章　结论及进一步研究建议** ……………………………………… 89
　6.1　基本结论 ……………………………………………………… 91
　　　6.1.1　对商业银行资本结构的研究，是我国银行业
　　　　　　实现稳健经营，持续发展的重要课题 …………… 91
　　　6.1.2　商业银行国有股占比大能促进银行绩效的

　　　　　　　　提高 ·················································· 92
　　　6.1.3 提高资本充足率，不仅是为了应付资本管制
　　　　　　下的最低资本充足率要求，更是影响商业银
　　　　　　行绩效的重要因素，因此应成为商业银行公
　　　　　　司治理的重要内容 ······························· 93
　　　6.1.4 商业银行规模越大越不利于综合绩效的提高
　　　　　　·········································································· 93
　　　6.1.5 最低资本充足率要求、一般公司资本结构
　　　　　　因素以及宏观经济因素均是决定商业银行
　　　　　　资本结构的重要因素 ····························· 94
　　　6.1.6 本书第5章首次同时考察了权益和负债比率
　　　　　　的中小上市银行的资本结构动态调整问题 ······ 94
　　6.2 本书不足与下一步研究建议 ································ 95

**参考文献** ································································ 97

**附录　非线性部分泰勒展开的基本证明** ························ 104

## 第 1 章 绪 论

中国商业银行资本结构现状如何？
商业银行资本结构对其绩效有影响吗？
商业银行资本结构动态调整的诱因及规律是什么？

  商业银行的资本结构，长期以来都较少受到中国理论界和政策层的重视。究其主要原因，大抵是认为商业银行是一个风险管理的行业，它们的资本比率是由最低资本充足率管制所决定的。

  与通常意义上的公司相比，商业银行具有许多特殊的性质，并由此决定了银行资本结构并不是公司资本结构理论在商业银行领域的简单运用，而是一般公司资本结构理论与商业银行作为金融中介的特殊性的有机统一。

## 1.1　问题的提出

商业银行的资本结构，长期以来都较少受到中国理论界和政策层的重视。究其主要原因，大抵是认为商业银行是一个风险管理的行业，它们的资本比率是由最低资本充足率管制所决定的。正如米什金（2000，p. 227）指出："银行持有资本，是因为监管当局要求他们必须这样做。由于保持监管要求的资本成本较高，银行经理往往只愿意持有少于监管当局规定的资本。在这种情况下，银行持有资本的数量由监管资本要求决定。"在中国，占商业银行主体的国有银行没有上市前，国有银行主要依赖存款融资的方式也使得商业银行资本结构的研究显得不那么重要。

2006 年底，我国实现了金融市场的全面开放，中国银行业不得不面临与外资行竞争的局面。近几年，中国商业银行纷纷上市，使中国上市银行总资产占整个银行业的比例在 60% 以上。[1] 银行上市意味着其融资结构将由传统的负债经营转变为股权融资和债务融资相结合，那么，如何优化银行资本结构，促进银行绩效提高就成为各行重要的课题。然而，通过对上市银行核心资本充足率的统计发现，几乎所有上市银行核心资本充足率都超过了巴塞尔协议规定（我国原银监会也是做了同样

---

[1] 2006 年，安永会计师事务所宣布中国上市银行已占银行业总资产 55%，2010 年中国农业银行上市后，保守估计目前上市银行总资产占比远远超过 60%。

的规定）的4%。① 这项数据表明，除了国家资本监管因素，商业银行的资本充足率应该还受其他因素的影响，这不免让人对"商业银行资本结构由资本管制决定"的传统认识提出了质疑。

2008年，全球遭遇了百年不遇的金融危机，为顺利应对危机，美、英、法、德、日本、澳大利亚等国家不约而同地采取了国家向金融机构注资的策略。这些举措仅仅是各国应对金融危机的应急措施，还说明国家控股商业银行具有不可比拟的优势？危机后，出于对未来经济下行风险和银行资产质量恶化的担心，2010年原中国银监会明确要求：大型银行资本充足率应保持在11%以上，中小银行在10%以上。② 一声令下，浦发、民生、深发展相继宣布融资，其他各银行也纷纷打响资本充足率之战。然而，商业银行的资本充足率仅仅是为了应付国家的监管要求还是提高商业银行绩效的有效手段？或者说商业银行的核心资本充足率及附属资本充足率改变对商业银行绩效有影响吗？如果有，影响方向又是如何？此类问题，困扰着目前中国商业银行，需要从理论和实践上进行探索。

从金融运行本身的特点看，存在着顺周期的内在反馈作用，金融机构和经济主体会在经济增长高涨期低估金融风险，从而使微观层面的风险不断积累形成金融泡沫，最后在经济周期下降阶段来临时破灭导致金融危机的爆发，因此"十二五"规划第一次明确提出构建逆周期的金融

---

① 只有深圳发展银行2004年、2005年的核心资本充足率小于4%，经查是那年深圳发展银行发生了新桥并购事件，所以认为这两年数据是个例外。而对国有商业银行，如果将国家对其的补贴看成是对其政策性亏损的弥补的话。国有商业银行上市前的核心资本充足率也超过4%。

② 张胜男，银监会明确表示大型银行11%的资本充足率底线没变，2010-3-2，http://cn.reuters.com/article/companyNews/idCNnCN089471520100301.

宏观审慎管理制度框架。据《财经国家周刊》记者了解，"逆周期"资本管理的一种初步考虑是，在正常的资本充足率要求底限的基础上，商业银行需增加一个额外的"逆周期"资本充足率，范围在 0~5 个百分点之间。①《巴塞尔协议 III》规定：截至 2015 年 1 月，全球各商业银行的一级资本充足率下限将从现行的 4% 上调至 6%，由普通股构成的"核心"一级资本占银行风险资产的下限将从现行的 2% 提高至 4.5%。此外，各家银行应该设立"资本防护缓冲资金"，总额不得低于银行风险资产的 2.5%。这就意味着，在正常的资本充足率要求底限基础上，商业银行需增加一个额外的"逆周期"资本充足率。宏观审慎监管政策的出台势必对中国商业银行资本比率或者说资本结构产生深远影响。

那么商业银行的纷纷上市，究竟仅仅是因为适应最低资本充足率的需要，还是因为实现利润最大化而对自身资本结构的主动调整？如果是，随着商业银行的发展，其最优资本结构也是动态变化的，那么这种动态调整会呈现什么样的规律？特别在宏观审慎监管政策下，商业银行的最低资本充足率将随着经济周期的变动，这又将对商业银行资本结构的动态调整规律产生什么影响？诸如此类问题，无论对于商业银行的资本管理还是国家的宏观监管调控，均显得非常迫切和重要。

---

① 原中国银监会："逆周期"监管革命，2010 - 05 - 27，新华网。

## 1.2 国内外研究现状述评

### 1.2.1 商业银行资本结构与绩效

资本结构直接和间接地影响着经营绩效。直接影响在于资本结构决定了银行的融资方式和融资结构，同时决定了融资成本和融资风险，这源自于债权人与股东之间的冲突，起因是债务契约刺激股东作出次优的投资决策（Jensen & Meckling, 1976），但 Hirshleifer & Thakor (1989) 认为，公司出于信誉上的考虑而趋向从事相对安全的项目。Myers (1984) 在他的啄食理论中阐述，就融资成本来看，融资顺序为留存收益、债务、股权融资。但是，银行资本结构对经营绩效更主要的影响在于资本结构决定银行治理结构而治理结构又决定银行经营绩效这种间接作用上（周文定，2007），主要表现为股权结构对绩效的影响上。Pedersen & Thomsen (1999) 考察了欧洲 12 国 435 家大公司，认为公司股权集中度与公司净资产收益率显著正相关。Makhija 和 Spiro (2002) 研究了 988 家刚刚完成私有化的捷克企业，发现企业股票价值与外国投资者、内部人持股比例正相关，因为它们更有能力发现高利润公司。然而，与一般企业不同的是，商业银行资本结构有自身的特性。银行的负债主要来源于广大储户的存款，比重相当大，而且存款型的负债一般是被动的（在中国情况更是如此），对其进行成本管理的余地并不大。因此，理论界以分析资本平均成本为主要内容的资本结构管理和融资结构优化工具在银行中的应用要大打折扣。同时，由于银行具有很强的外部性，一直以来就受到更严格的资本监管。国内则主要集中于商业银行股权结构与银行绩效方面的研究，结论也不一致。有的认为股权结构并不是影响商业银行绩效的重要因素（曹廷求 2004，郑鸣、肖健 2008）；有的提到，伴随着股权结构的集中，银行效率呈现出倒"U"形变化趋势（郑录军、曹廷求 2005）；朱建武（2005）做了基于 EVA 的中小银行绩效与治理结构关系分析，结果发现股权越集中，EVA 回报率越低。还有的发现，第一股东的持股比例与银行绩效显著负相关，前五大股东及前十大股东的持股比例与银行绩效均显著正相关，流通股比例与上市银行绩效负相关（杨德勇、曹永霞，2007）。

综观近年来国内外学者对上市公司及对商业银行资本结构与绩效的实证研究，可以看出有以下几个特点：（1）变量选择上，作为衡量商业银行绩效的被解释变量，多用会计利润指标，但商业银行强调的是"流动性、安全性以及盈利性"原则（以下简称"三性"原则），因此，基于"三性"原则的综合绩效指标是必需的；作为解释绩效变化的变量选择上，多选择了第一大股东占比、股东性质等纯股权结构的指标作为解释变量，但实际上，资本结构不仅包括股权结构关系，也包括股权与债权的比例关系；在控制变量方面，一些已经得到实证的影响商业银行绩效的非资本结构因素没有被控制起来，使得资本结构对绩效的影响效果不够真实。（2）在时间上，大部分研究采用的是 2005 年前的股份制商业银行的数据，但 2005 年后，随着国有商业银行的纷纷上市，占上市银行大部分份额的国有上市银行却没有列入讨论之列，这使得实证结果应用范围受到局限。

### 1.2.2 关于商业银行资本结构影响因素方面

对于一般上市公司资本结构影响因素的讨论，国内外都非常丰富。

一般认为，规模、非债务税盾、盈利性、股权集中度、托宾 Q 值（市值与账面价值之比）、资产构成（资产的有形性）、公司收益波动率（破产成本）等是影响公司资本结构的主要因素。在中国，由于国有企业的特殊性，公司股东是否具有国有性质对资本结构的影响较大，所以通常被作为资本结构影响因素。研究结论也基本达成一致：规模已被发现和杠杆成正相关关系（Myers，1977；Fama & Jensen，1983；Titman & Wessels，1988；Booth et al.，2001；Aggarwal & Jamdee，2003；Frank & Goyal，2005；洪锡熙、沈艺峰，2000；陈维云、张宗益，2002）；非债务税盾与杠杆负相关（DeAngelo、Masulis，1980；Bradlcy 等人，1984；蒋殿春，2003）；盈利性与杠杆负相关（Rajan & zingales，1995；Booth et al.，2001；Aggarwal & Jamdee，2003；Frank & Goyal，2005；陆正飞、辛宇，1998）；股权集中度与杠杆负相关（Jensen & Meekling，1976；Chaganti & Damanpour，1991；Grier & Zyehowiez，1994；Keasey & Duxbury，2002）；市场账面比率与杠杆负相关（Stein，1996；Rajan & zingales，1995、2003；Baker & Wurgler，2002；Frank & Goyal，2005）；资产构成与杠杆正相关（Titman & Wessels，1988；Rajan & Zingales，1995；Aggarwal & Jamdee，2003；Frank & Goyal，2005）；公司收益波动率与杠杆负相关（有的称破产成本）（Jensen 等，1992；Bradley 等，1984；Friend & Lang，1988；Walsh & Ryan，1997；肖作平、吴世农，2002）；股东性质（即是否为国有股）与杠杆正相关（肖作平、吴世农，2002；洪正，2005）等是影响公司资本结构的主要因素。然而，遗憾的是，所有这些研究基本均将商业银行的样本排除在外。

与通常意义上的公司相比，商业银行具有很强的外部性，受到国家最低资本充足率的管制约束。所以，一直以来，理论界基本认为资本充足率管制是商业银行资本结构的唯一决定因素。然而，这一命题在实践中被发现并不完全正确。Gropp. Reint and Florian Heider（以下简称"GRFH"，2007）[①] 根据1991年至2004年来自美国和欧盟的15个国家的200家最大的上市银行的例子，发现非银行公司资本结构的标准决定因素在决定银行的资本结构方面也是有意义的。Monica Octavia、Rayna Brown（以下简称"MORB"，2008）通过研究来自10个发展中国家的56家上市银行组成的样本，也发现资本结构标准的决定因素对商业银行账面和市场杠杆方面有较强的解释能力。

国内对商业银行资本结构的研究时间并不长，且以理论论述居多，涉及对国有银行的资本结构（张杰，2003）、商业银行资本结构对经济绩效的影响机理（周文定，2003）、银行资本结构单一和资本不足的问题（张丽华，2004）、银行监管收费制度对银行资本结构的影响（周文，2007）等方面。在实证分析上，主要集中于商业银行股权结构与银行绩效方面的研究，结论也不一致。有的认为，股权结构并不是影响商业银行绩效的重要因素（曹廷求，2004；郑鸣、肖健，2008）；有的认为，伴随着股权结构的集中，银行效率呈现出倒"U"形变化趋势（郑录军、曹廷求，2005）；还有的发现，第一股东的持股比例与银行绩效显著负相关，前五大股东及前十大股东的持股比例与银行绩效均显著正相关，流通股比例与上市银行绩效负相关（杨德勇、曹永霞，2007）。而这些实证研究，基本借用一般公司资本结构变量和模型，忽略了商业银行受最低资本充足率管制这一非常重要的现实，所得结论难免令人担心。从理论上来说，后判断商业银行的资本结构究竟是仅仅由国家资本管制要求所决定，还是一般公司资本结构影响因素也会影响商

---

[①] Gropp. Reint, and Florian Heider, 2007, What Can Corporate finance say about banks' Capital structures? Working paper, SSRN.

业银行资本结构。这是研究商业银行资本结构的前提和基础，也是国家和商业银行制定下一步政策或战略必须首先考虑的问题。

### 1.2.3 商业银行资本结构动态调整方面

关于最优资本结构的实证研究不可避免的问题是：最优资本结构的数据是不可观测的。早期研究①的解决办法是，用实际观测的资本结构数值来替代最优资本结构的数据，或者将3～5年的资本结构平均数，作为最优资本结构的数据。这种方法不仅呈现个案分析的特征，而且还很容易存在测量误差，排除了资本结构随着时间调整的缺陷。事实上，随着最优资本结构决定因素的不断变化，公司的最优资本结构值也是不断变化的。Jalivand 和 Harris（1984）建立了公司资本结构动态模型，他们认为公司的财务行为具有向长期运营目标部分调整的特征。Banerjee 等（1999）尝试将动态调整模型和面板数据同时运用到资本结构分析中，讨论了英美两国公司资本结构的动态调整，发现公司通常是缓慢地把它们的资本结构向其最优资本结构值调整。在 Banerjee 等人部分调整模型基础上，Hans Lööf（2004）加入了另外5个国家的数据，并修正了参数估计的样本自选择误差（Sample Self-selection Bias）。近期其他

---

① 这些例子包括 Taggart（1977）；Marcus（1983）；Jalivand & Harris（1984）；Friend and Lang（1988）；Titman and Wessels（1988）；Sharpe & Pooley（1991）；Rajan and Zingales（1995）；Mackie-Mason（1990）；Berger et al.（1997）；Kimand Sorensen（1986）；firth（1995），Jensen et al.（1992）；Mehran（1992）；Fischer et al.（1989）；Agrawal and Mandelker（1997）；Bowen et al（1980）；Bradley et al.（1984）；Castanias（1983）；Graham（1996a）等.

的研究①则采用了一个两步骤过程。首先估计目标资本结构，然后将这一估值代入调整方程，估计出调整速度。Hovakimian、Opler 和 Titman (2001) 探讨了融资工具的选择。他们使用了一个两阶段估计过程。第一阶段回归得出目标资本结构，第二阶段使用 logit 回归预测公司的融资行为。结果发现公司融资选择时，有趋于目标资本结构的现象。Fama 和 French (2002) 也同样使用了两阶段估计。第一步，他们回归了横截面数据的杠杆比率；第二步，将估计的值作为目标资本结构代入局部调整模型中估计调整速度。他们的结论是，不同公司的调整速度在 7%—18% 之间。Flannery 和 Rangan (2006) 在 Fama 和 French (2002) 等文章的基础上，设计了一个资本结构调整实证模型。他们的研究发现，公司确实存在长期目标资本结构，公司以每年 30% 的速度向目标资本结构调整（美国公司 1965—2001 年的平均结果）。

在中国，早期的研究主要是使用实际债务比率代替目标资本结构。② 随着研究的不断增加，这种方法的缺陷凸显出来，同样的样本在不同的年度进行分析，就可能会得出不同的结论。在认识到上述缺陷后，肖作平 (2004) 和王皓、赵俊 (2004) 首先采用动态方法对资本结构理论进行实证分析。他们的文章都意识到了"实际值替代最优值"问题，并采取了不同的方法加以避免。前者的处理方法是：首先将最优债务作为被解释变量，然后通过恒等变形，将不可观测的最优债务表示为当期债务、前期债务以及调整速率的表达式，最后采用面板模型方法

---

① 采用这一方法的学者包括 Hovakimian、Opler 和 Titman (2001)，Fama 和 French (2002)，Korajczyk 和 Levy (2003)，Kayhan 和 Titman (2004)，FLannery 和 Rangan (2006) 等。

② 主要以陆正飞和辛宇 (1998) 以及洪锡熙和沈艺峰 (2000) 的两篇文章为代表。

进行参数估计。后者则直接将最优资本结构作为被解释变量,采用两阶段方法来进行估计:首先利用动态调整模型来估计公司的最优资本结构,然后再利用估计出的最优资本结构值进行标准的面板数据分析。王正位、赵冬青、朱武祥(2007)研究发现,中国上市公司存在目标资本结构,当实际资本结构偏离目标资本结构时,会向目标资本结构调整,但资本结构向下调整的速度要小于向上调整的速度。

与通常意义上的公司相比,商业银行具有许多特殊的性质,并由此决定了银行资本结构并不是公司资本结构理论在商业银行领域的简单运用,而是一般公司资本结构理论与商业银行作为金融中介的特殊性的有机统一。Joseph.F. Sinkey 在 Buser、Chen、Kane(1981)研究的基础上,把 MM 理论应用于商业银行资本结构的研究,认为存款保险制度的制定和银行监管标准的出台使银行扩张冲动和迎合监管要求冲动找到了最佳结合点,即银行的最佳资本结构。MM 理论的优点是从微观的角度阐明了银行价值(市值)与银行资本结构的关系,把破产成本量化为保险成本,操作性强;不足之处在于没有充分考虑资产的风险属性,而且在中国保险成本根本无法取得。在商业银行资本结构的实证研究上,Alan. Mareus(1983)分析了从 1960 年到 1978 年之间按照市场价值计算的美国银行资本结构变化趋势,并对可能影响银行资本结构的多个因素进行了回归分析。结果表明:这段时期银行权益比率与利率及股权融资的税收劣势均呈显著的负相关关系。Mark J. Flannery & Kasturi P. Rangan(2002)建立多元回归结果表明:银行权益比率与其经营风险呈显著的正相关关系,说明由于银行风险性增大,出于外界的压力,会相应增加权益比率来维护其安全性。Arturo Estrella(2004)在 VAR 风险价值分析基础上结合银行成本问题,对银行资本结构动态调整进行了分析。他认为,在 VAR 风险分析技术的基础上,存在一个使银行资金的持有成本、破产成本以及调整成本等综合成本最低的最优资本结构，这一资本结构随着经济周期的波动而波动。但什么因素影响了银行最优资本结构，又是什么因素促使其不断调整？作者并没有展开详细说明。近期的研究证明，商业银行的资本结构是多种因素动态权衡的结果。Samu Peura、Jussi Keppo（2006）注意到了资本结构调整的滞后，扩大了银行资本选择的动态权衡模型，认为最优银行资本的选择是银行股权机会成本、违反最低资本监管要求的特许权价值损失和资本结构调整成本三者动态平衡的结果。在国内，张杰（2003）对中国国有银行资本的研究颇有独到之处。他认为，一个资本充足率如此之低、不良贷款如此之高的国有银行，其稳定性竟然会如此之强，这一切都是由国有银行所具有的特殊资本结构在支撑着。更明确地讲，国家是以其声誉"入股"的，是"名义上"的，这笔真实的资本是由居民部门"愿者上钩"来提供的。而刘伟、黄桂田（2002）与易纲、赵先信（2001）则分别从产权改革的视角分析和提出了解决国有商业银行资本问题的建议。刘伟认为，从国有商业银行的资本金充足率来说，实质是产权结构单一问题，由此决定着资本金的补充渠道单一。易纲则提出，要引入境内外战略投资者。结合商业银行特点来动态分析其资本结构调整的研究并不多见，李喜梅、胡棋智（2008）试图运用 SUR 模型分析中国上市银行资本结构的动态调整，但也未考虑逆周期的审慎监管政策的影响。

迄今为止，尚未发现有对中国商业银行资本结构动态调整的研究。以上这些成果为研究中国上市银行资本结构的动态调整提供了有益的参考，但国内外这些成果仍有如下不足：

（1）国内外关于商业银行资本结构的研究，基本停留在静态阶段，虽有个别学者指出银行资本结构是不断调整的，但究竟是什么因素促使银行资本结构不断调整以及如何调整，并没有深入探索。而在较成熟的上市公司资本结构动态调整研究中，其样本选取却都遵循不考虑金融上市公司的原则。

（2）关于资本结构的度量，学术界普遍采用三种方法：总负债/总资产、总负债/股东权益、长期负债/总资产。多数研究都是选择其中之一来进行估计，但当使用不同的度量指标估计最优资本结构时，同一样本的回归结果却存在差异。实际上，对一家公司（包括银行）来说，所有者权益比率与负债比率的影响因素之间会相互关联，所以需要将所有者权益比率、债务比率放在同一方程系统中来讨论公司的最优资本结构及其动态调整问题。考虑到了这一点，Paul Gatward 和 Ian G. Sharpe（1996）通过一个拓展的 Koyck 模型对澳大利亚 1967—1985 年 164 家上市公司的资本结构动态调整进行了研究。遗憾的是：该研究仍然将金融公司排除在外；没有控制时间特征效应，如利息率、通货膨胀和经济周期等可观察和不可观察的宏观经济因素；并且认为公司的调整速度是不变的。

### 1.2.4 现有研究述评

尽管现有对一般公司资本结构的研究颇为丰富，但结合商业银行特征来分析其资本结构变化诱因以及如何动态调整的文献却极为少见，更缺乏针对中国国情就大型国有与中小股份制上市银行分别讨论的研究。而在中国，商业银行的纷纷上市，特别是逆周期宏观审慎监管的提出，使商业银行本身以及监管者不得不面对商业银行资本结构调整问题。因此，分大型国有与中小型股份制银行来分析中国上市银行最优资本结构影响因素，并探讨其资本结构的动态调整就成为下一步研究的方向，也是国家和商业银行制定下一步监管政策与发展战略必须首先考虑的问题。

## 1.3 研究思路及研究内容

  商业银行的资本结构,长期以来被认为是由最低资本充足率管制所决定,但中国商业银行核心资本充足率长期超过管制所规定的 4% 的事实,有必要对商业银行资本结构调整的决定因素重新认识和进行实证检验。那么,中国商业银行资本结构现状如何?商业银行资本结构对其绩效影响大吗?或者说研究商业银行资本结构对其绩效改变有影响吗?这是在对商业银行资本结构开始研究的前提。接下来,针对到底是资本管制还是一般公司资本结构影响因素、宏观经济因素决定了中国商业银行资本结构进行理论分析和实证检验,这能对为何中国商业银行核心资本率长期超过管制所规定 4% 的事实进行解释。然而,商业银行最优资本结构会随着时间的改变而改变,因此,课题将建立动态面板模型,分析中国上市银行资本结构动态调整的规律,因为中国的特殊国情,所以课题的各部分都会分大型国有与中小股份制上市银行来分析它们之间资本结构及调整的差异。正是循着这样一种逻辑思路,在理论分析的基础上,着重运用计量工具和方法从动态角度对中国上市银行资本结构动态调整问题展开研究。

  本书在经济学方法的运用上,力求做到实证分析和规范分析相结合,定性分析与定量分析相结合,实地调研和问卷调查相结合。

## 1.4 创新之处

从理论上看,结合资本结构理论与中国商业银行特征来分析中国上市银行资本结构调整特征,分大型国有与中小股份制上市银行探讨了商业银行资本结构调整的诱因及动态运行机理,并建立动态面板模型进行实证检验,从理论框架建立和实证检验两个方面做出了创新性研究。

从实践上看,将系统分析中国上市银行资本结构调整的内在规律,阐明除最低资本充足率管制外,一般公司资本结构因素、宏观经济因素以及经济周期波动都会对其资本结构产生影响。本书进行了实证检验,同时对商业银行资本结构调整速度及方向以及资本充足率管制对商业银行资本结构的调整带来的影响均进行了讨论,为商业银行资本管理、融资政策的实践提供了具有一般指导意义的理论基础和实证分析支持,也为下一步宏观监管政策的制定提供了具有可操作性的建议。

# 第 2 章
# 中国上市银行资本结构现状

对我国上市银行股权结构的考察,主要从国有与非国有上市银行角度进行。选取三大上市国有商业银行、13 家上市股份制商业银行作为样本分析我国上市银行的股权与债权结构特点。

研究样本数据来源于各家商业银行年报。

目前，我国已有 16 家上市股份制商业银行。国有商业银行均已完成股份制改造且已经上市，除中国农业银行外都已实现了上市。基于我国经济体制改革的大背景和我国银行的股权结构带有的旧体制深刻烙印，我们选取了三大上市国有商业银行（因为中国农业银行上市时间太短，所以忽略）、13 家上市股份制商业银行作为样本分析我国上市银行的股权与债权结构特点。

本书的研究样本数据来源于各家商业银行年报。由于我国商业银行年报披露的年份不同，所收集到的这 13 家上市股份制商业银行的数据也有某些年份缺失。经过搜集整理，共获得 6 个观测值。样本具体情况如下：华夏银行（2004—2009 年）、民生银行（2004—2009 年）、浦发银行（2005—2009 年）、深发银行（2006—2009 年）、招商银行（2005—2009 年）、中国工商银行（2004—2009 年）、建设银行（2004—2009 年）、交通银行（2007—2009 年）、兴业银行（2004—2009 年）、中信银行（2007—2009 年）、中国银行（2004—2009 年）、南京银行（2004—2009 年）、广东发展银行（2006—2009 年）、渤海银行（2006—2009 年）、浙江银行（2005—2009 年）、光大银行（2005—2009 年）。

将 16 家上市银行分为"国家占主要份额的国有上市银行"与"非国有占主要成分的中小股份制上市银行"两组来分析。前者为 3 家上市国有银行，即中国银行、中国建设银行、中国工商银行；后者为 13 家上市股份制商业银行，即光大银行、交通银行、兴业银行、中信银行、华夏银行、南京银行、民生银行、浦发银行、深发银行、招商银行、浙江银行、广东发展银行、渤海银行。

## 2.1 中国上市银行股权结构现状

对我国上市银行股权结构的考察，也主要从国有与非国有上市银行角度来考察。通过对选择的各样本银行年报的分析（见图2-1）可知，三大国有上市商业银行经过改制，完成股份制改造并成功上市后，其平均股占比从2004—2005年由100%大幅降至70%左右，并且从2005年开始逐年缓慢降至2009年63%左右，且降幅甚小，三大国有上市银行的国有股占比相差不大，但是中国银行自有资料以来其国有股占比基本不变，仍维持在70%左右，降幅是最小的。

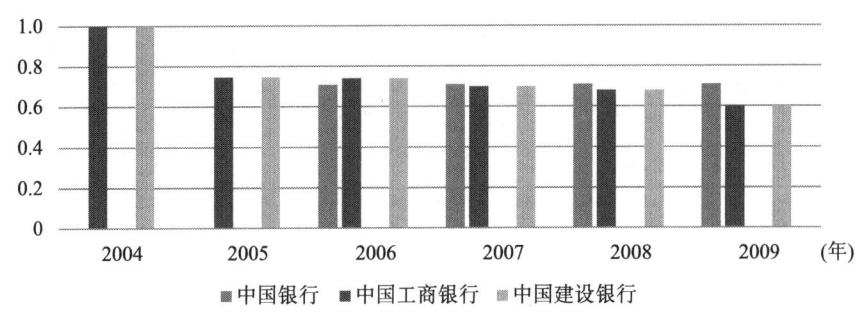

图2-1 三大国有上市银行国有股占比图

从图2-2国有上市银行平均值看来也发现其股权占比从2005年开始呈缓慢下降趋势。

但是，中小股份制上市银行的平均国有股占比自2004年开始虽有波动，却总体来说下降明显，而且这六年的平均国有占比都低于50%（见图2-3）。尽管这些中小股份制上市银行平均国有占比都低于50%，

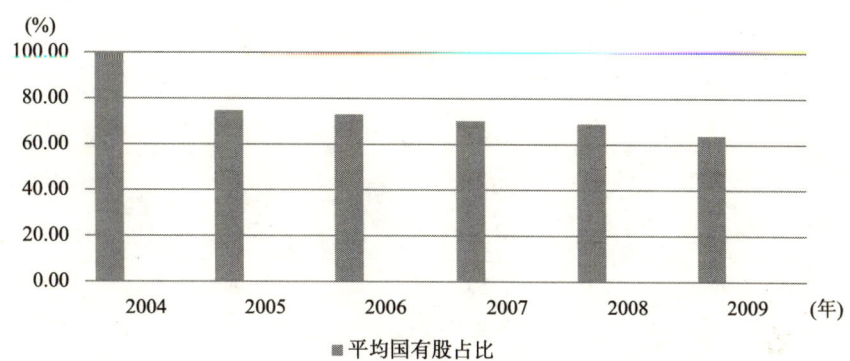

图 2-2 国有上市银行平均国有股占比图

但是由图 2-4 可以看出这 13 家样本银行的国有股占比具有很大差异。例如，渤海银行和深圳发展银行在有记录的情况下连续 4 年（2006—2009 年）国有股占比都高达 70%；而浙江银行的情况就截然不同，自有记录以来其国有股占比就连续是 0。总而言之，这 13 家样本银行各自的国有股占比的发展趋势都各有特点。比如光大银行的国有股占比就是有上升的趋势，而民生银行的国有股占比则是下降趋势。

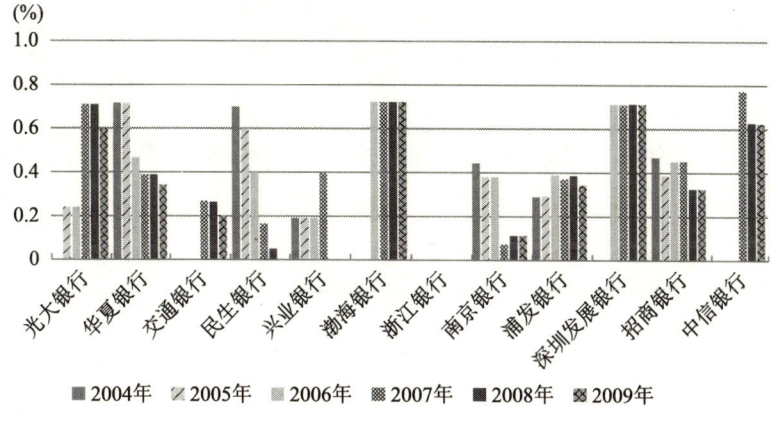

图 2-3 中小股份制上市银行国有股占比图

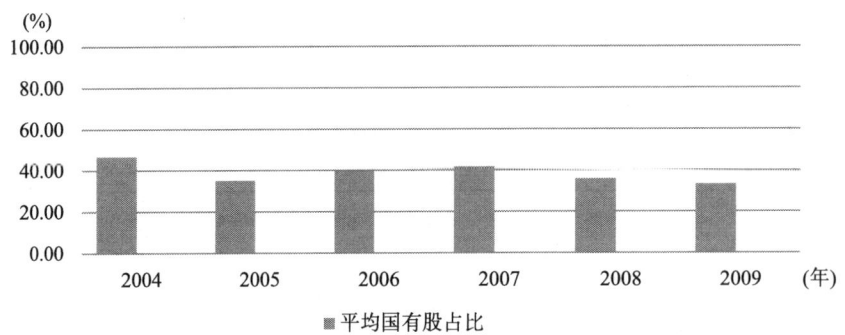

**图2-4 中小股份制上市银行平均国有股占比图**

图2-5反映了平均国有股占比发展方向。可以看出，无论是三大国有上市银行还是中小股份制上市银行，他们的国有股占比自2004年以来都是逐年下降的，而且三大国有上市银行的下降比例高于中小股份制上市银行。

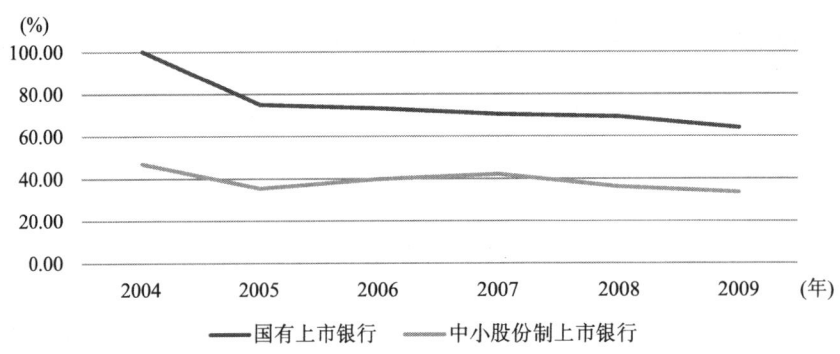

**图2-5 国有上市银行与中小股份制上市银行平均国有股占比发展方向**

股权集中度较高，由图2-6可知国有银行第一大股东平均持股比例自2004年开始逐年下降，但是始终等于或大于60%。而且由图2-7可知，这三个国有银行的第一大股东持股比例都是大于50%。由此可见，虽然自2004年开始第一大股东的持股比例都呈现下降趋势（中国

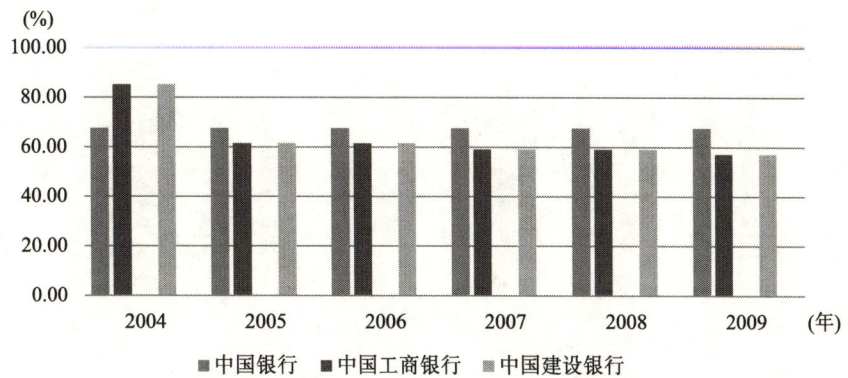

图 2-6　国有银行第一大股东持股比例条形图

图 2-7　国有银行第一大股东平均持股比例图

银行的基本没变化),但是他们的第一大股东始终拥有超过 50% 的股权,即享有绝对的控股权。而这三家银行的第一大股东都是中央汇金公司,由此可以说明它们是由国家绝对控股的股份制上市银行。

通过图 2-8 可以看出,这三家国有银行的股权集中度极高。其中,中国建设银行的股权集中度自 2005 年开始是逐年上升的,而中国工商银行也有类似的趋势,中国银行则与之相反。由图 2-9 可以看出,国有银行前五大股东平均持股比例目前看不出其发展趋势,只是在 6 年间出现波动。

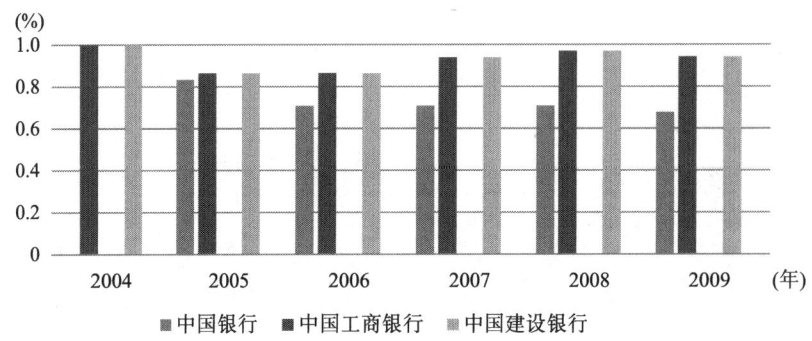

图 2-8 国有银行前五大股东持股比例图

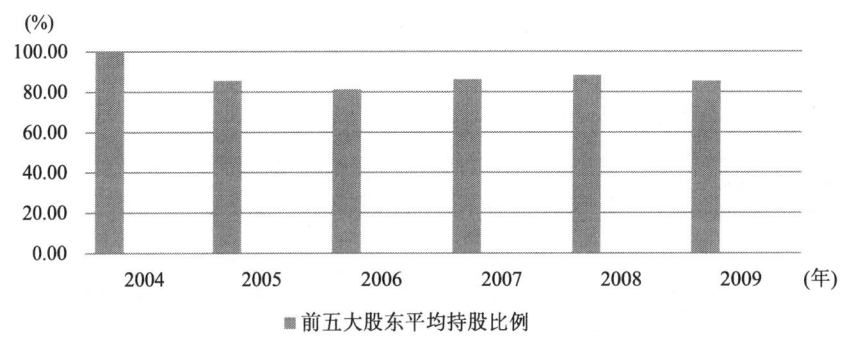

图 2-9 国有银行前五大股东平均持股比例图

通过图 2-10，我们发现这些作为样本的中小股份制上市银行间的股权集中度差别是很大的。但是它们各自的股权集中度的发展趋势并不一样。例如，光大银行 2006 年到 2007 年家第一大股东持股比例从 20% 多迅速增至 70%，虽然其在 2009 年有所回落，但是第一大股东持股比例仍处于 60% 的高位。而有的银行的第一大股东持股比例是下降的，例如深圳发展银行和南京银行，但是这两家银行的降幅很小。也有的银行第一大股东持股比例是不变的或者是变化微小，例如招商银行的第一大股东持股比例是没有变化的，而中信银行的第一大股东持股比例的变化是十分微小的。通过图 2-11 还可以发现，这些中小股份制上市银行的第一大股东平均持股比例总体来所说还是逐渐上升的。

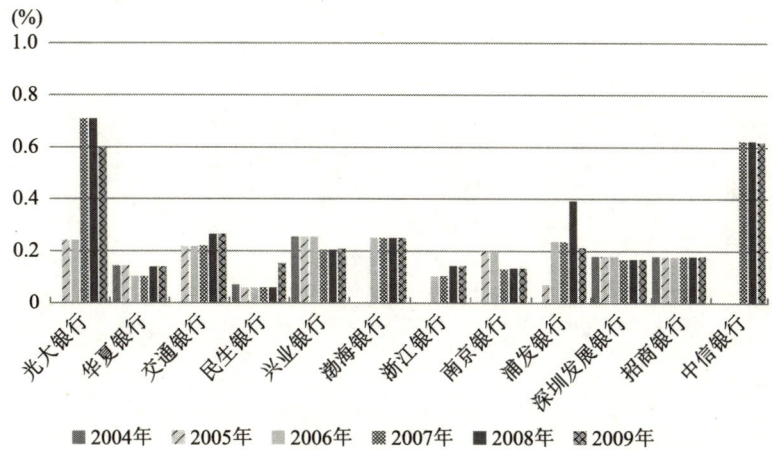

图 2-10　中小股份制上市银行第一大股东持股比例图

透过图 2-12 和图 2-13，可以同样发现中小股份制上市银行的前五大股东持股比例与上述内容存在相同的趋势。由图 2-12 可以看出，中小股份制上市银行的前五大股东的持股比例与第一大股东持股比例一样，银行间的情况各不相同，有的银行前五大股东的比例是上升的，有的不变，而有的则是下降。中信银行的前五大股东持股比例多年来一直高达90%。此外还有渤海银行的前五大股东持股比例在有记录以来也是一直高达 80%。而通过图 2-13，还可以发现中小股份制上市银行前五大股东平均持股比例和第一大股东平均持股比例一样 2004—2008 年都是上升的，虽然 2009 年有所回落但是降幅还是比较小的。

因此，无论从第一大股东的持股比例来看还是从前五大股东的持股比例来看，中小股份制上市银行的股权集中度在 2004—2009 年都是在上升的，股权集中的趋势越来越明显。

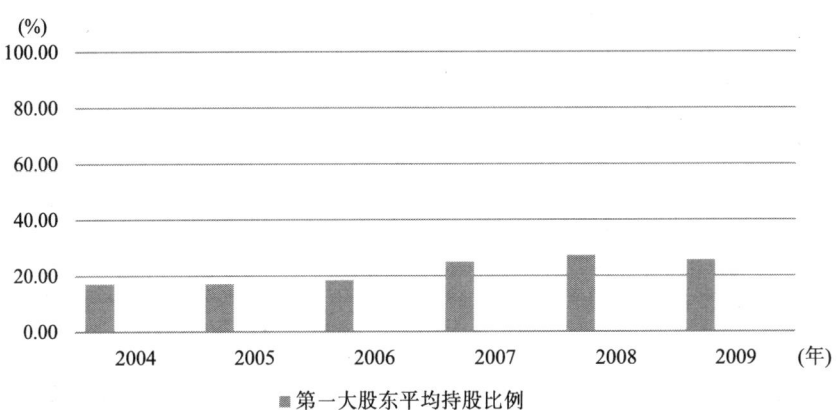

图 2-11 中小股份制上市银行第一大股东平均持股比例图

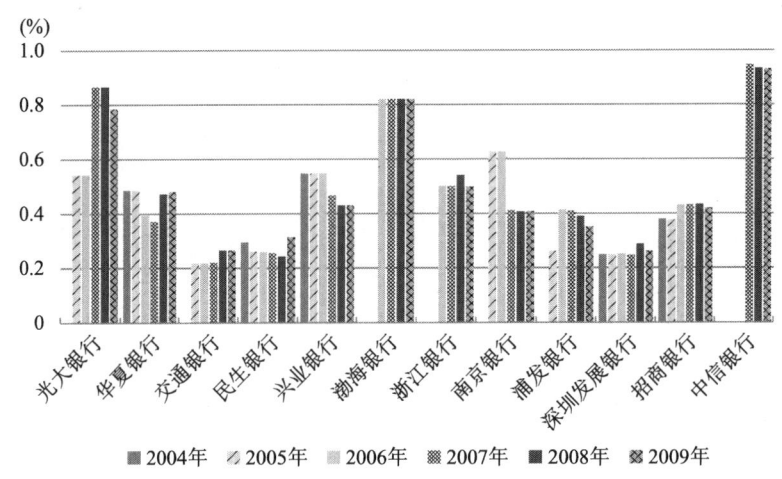

图 2-12 中小股份制上市银行前五大股东持股比例图

透过图 2-14 和图 2-15 可以看出,国有上市银行和中小股份制上市银行关于股权集中度发展趋势是正好相反的。对于第一大股东持股比例国有上市银行在 2004—2005 年大幅下降的,在 2005—2009 年是缓慢下降的。而中小股份制上市银行在 2006—2007 年是突然有明显的上升的,

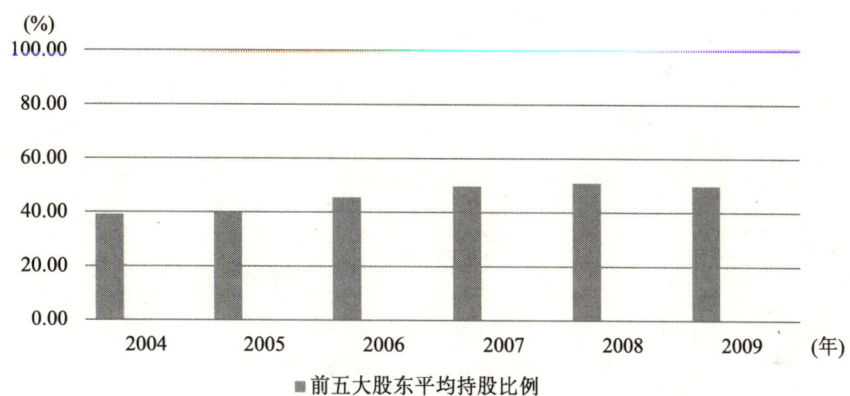

图 2-13　普通上市股份制商业银行前五大股东平均持股比例图

其余时间都是缓慢上升的。而关于前五大股东持股比例，国有上市银行是先降后升的，但是后来的上升到的水平仍未达到下降前的水平；而中小股份制上市银行的前五大股东持股比例则是逐年上升的。

由此可见，国有上市银行的第一大股东持股比例总体来说是下降的，而股权更倾向于向前五大股东集中。而中小股份制上市银行的股权既向第一大股东集中，也向前五大股东集中，股权集中趋势明显。

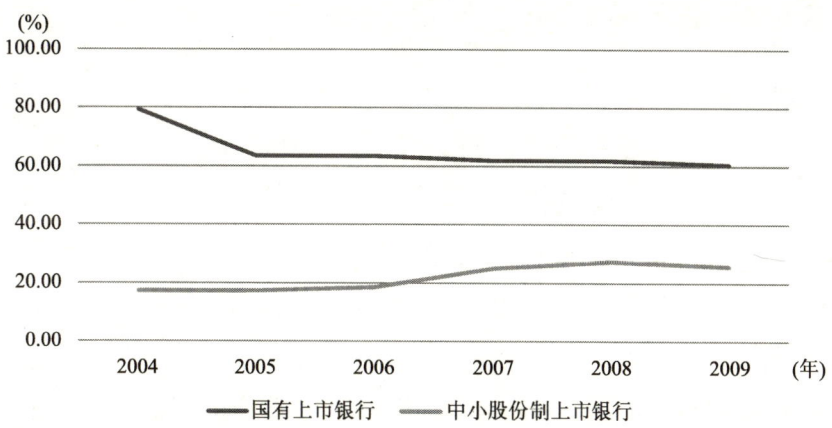

图 2-14　国有上市银行与中小股份制上市银行的第一大股东持股比例趋势图

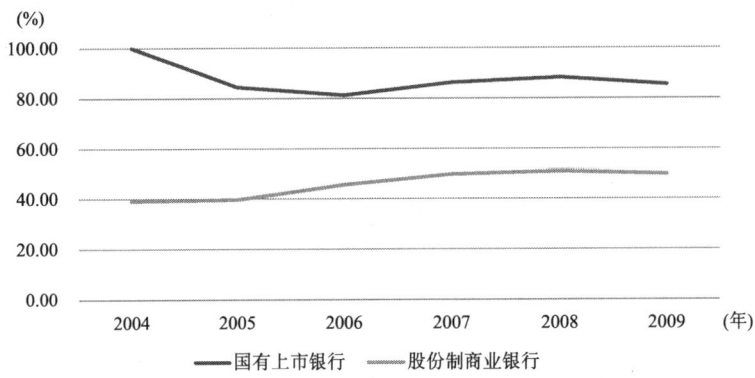

图 2-15 国有上市银行与中小股份制上市银行的前五大股东持股比例趋势图

## 2.2 中国上市银行的债权结构

### 2.2.1 国有上市银行负债结构比较平均,活期存款占总负债比和定期存款占总负债比相当

通过图 2-16 和图 2-17 可以看出,三家上市的国有银行除了中国银行外,在连续六年里活期存款和定期存款占总负债比都保持着平稳的比例关系,而且各自的占比都在 40%—50% 之间。而中国银行虽然在头两年(2004 年和 2005 年)活期存款占总负债的绝大比重,但是在随后的 4 年里其活期存款占总负债比和定期存款占总负债比保持着相对平均的比例关系。

就杠杆比率来说,三家国有上市银行一直保持着相对稳定的水平,而中国工商银行的杠杆比率也是一直明显高于其余的两家银行,最高时甚至达到 95%。这些数据说明了这三家银行获得很高的杠杆比率,但是同时也面临着很高的财务风险。

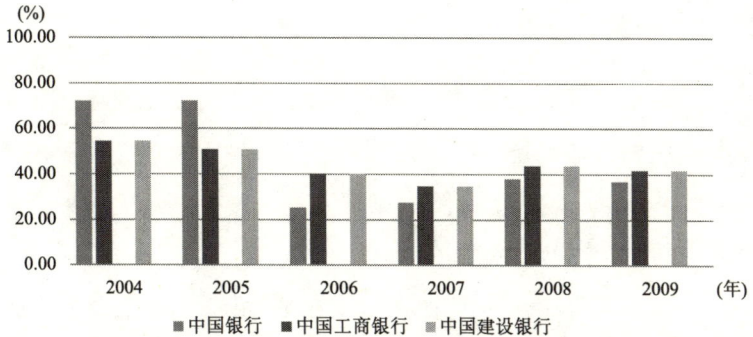

图 2-16　国有上市银行活期存款占总负债比条形图

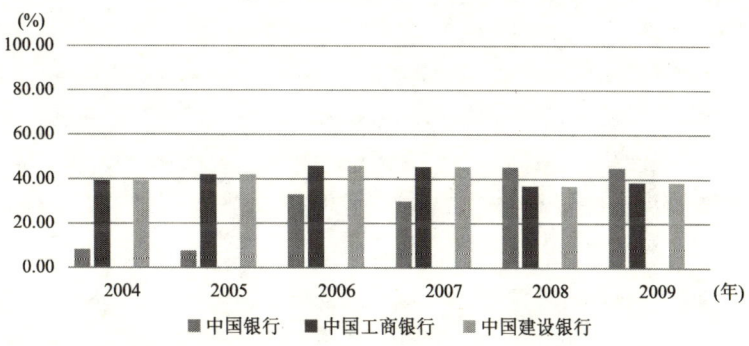

图 2-17　国有上市银行定期存款占总负债比条形图

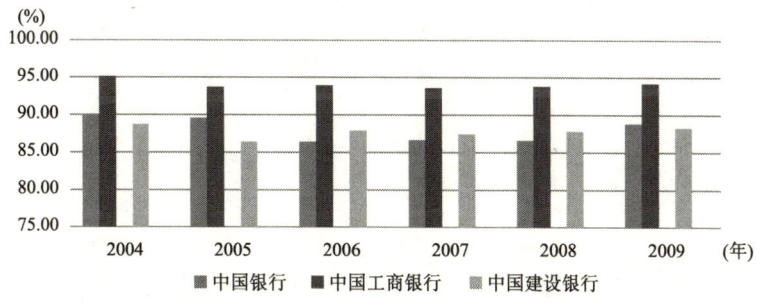

图 2-18　国有上市银行杠杆比率条形图

## 2.2.2 国有上市银行活期存款占总负债比和定期存款占总负债比的发展趋势正好相反

由图2-19和图2-20可知,从总体上说这三家国有上市银行的平均活期存款占总负债比是下降的(虽然在2008年和2009年有所反弹),但是其平均定期存款占总负债比则是有明显的上升的趋势,而且从2006年后就保持在40%左右。

由图2-21来看在这6年来,三家国有上市银行的平均杠杆比率虽有波幅,但是还是非常小的,而且都保持在90%左右,说明这三家国有银行都保持着高杠杆比率,银行总体上面临着高财务风险。

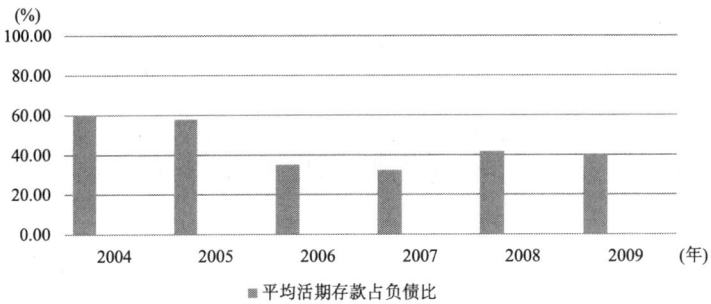

图2-19 国有上市银行平均活期存款占总负债比条形图

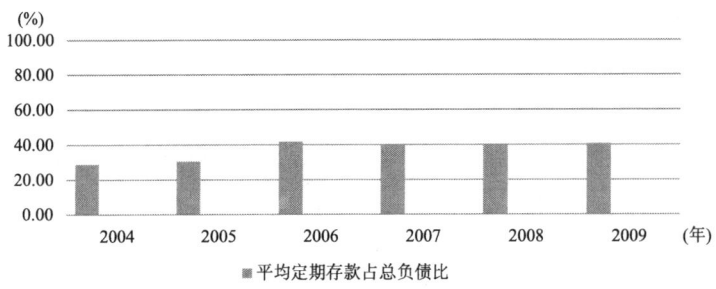

图2-20 国有上市银行平均定期存款占总负债比条形图

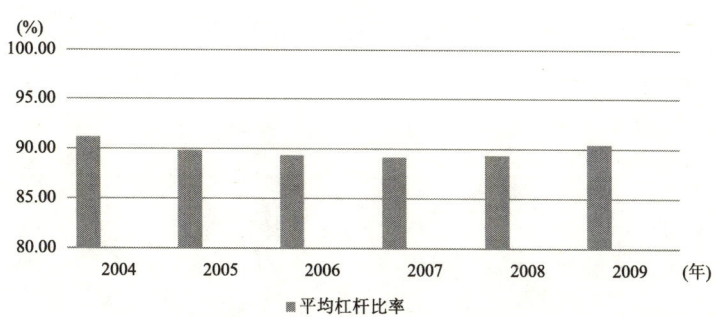

图 2-21 国有上市银行平均杠杆比率图

## 2.2.3 中小股份制上市银行的活期存款占总负债比和定期存款总负债比各有特点,个别表现不稳定

由图 2-22 和图 2-23 可以看出,这些中小股份制上市银行有的活期存款占总负债比时下降的,如浦东发展银行;而有的银行则是上升的,如民生银行;有的银行则保持相对稳定,如中信银行。在定期存款占总负债比方面各家银行的表现也是如此。特别是渤海银行,无论是活期存款占总负债比还是定期存款占总负债比都有比较大的波动。

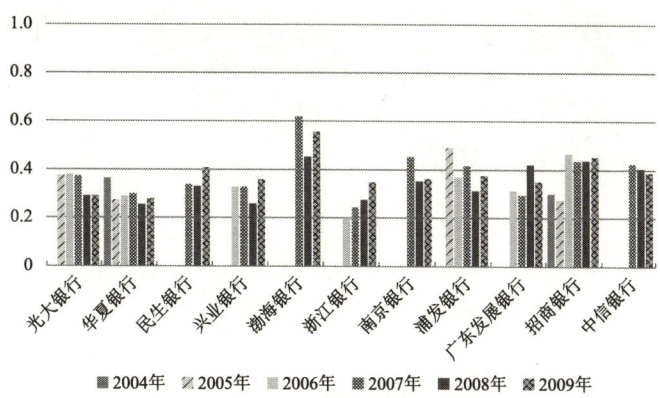

图 2-22 中小股份制上市银行活期存款占总负债比条形图

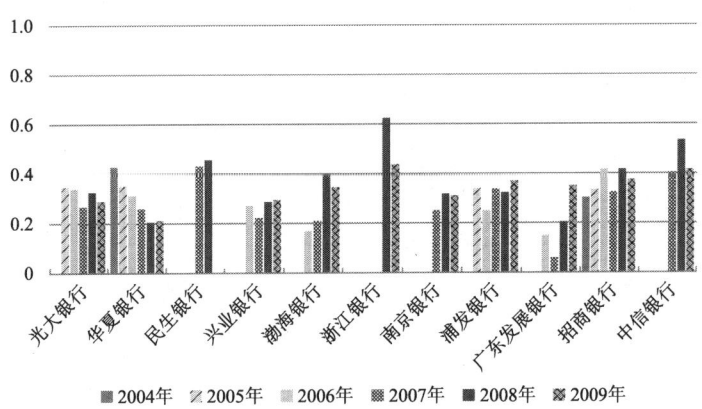

图2-23 股份制商业银行定期存款占总负债比条形图

## 2.2.4 各家股份制商业银行同样面临高杠杆率即高财务风险

由图2-24可以看出，除渤海银行呈现逐年上升的杠杆率外，其他的银行在这6年中杠杆率大都保持在90%左右（2009年渤海银行的杠杆比率也达到了90%），即面临着高财务风险。

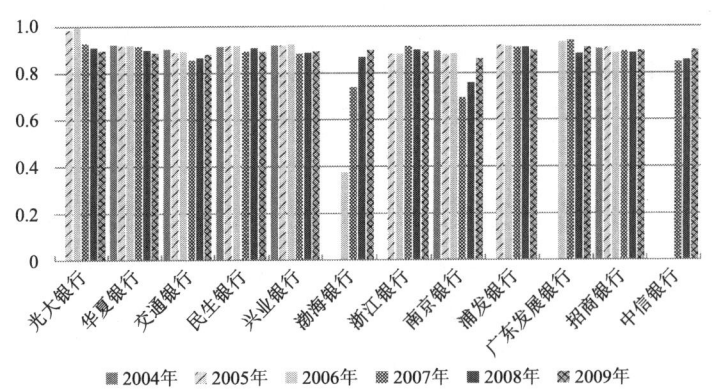

图2-24 股份制商业银行杠杆比率图

## 2.2.5 股份制上市银行的活期存款占总负债比和定期存款占总负债比都保持在大致的水平上

由图 2-25 和图 2-26 可以看出,中小股份制上市银行的平均活期存款占总负债比虽有略微上升,但都保持在 30% 至 35% 之间。而平均定期存款占总负债比则是虽有波幅但都保持在 35% 至 37% 之间。

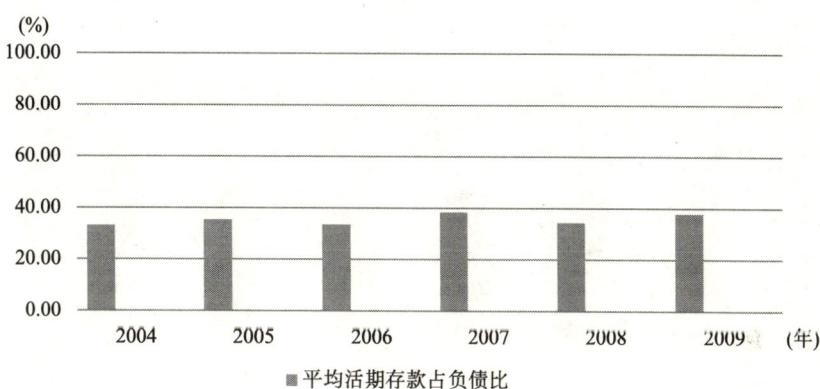

图 2-25　中小股份制上市银行平均活期存款占总负债比条形图

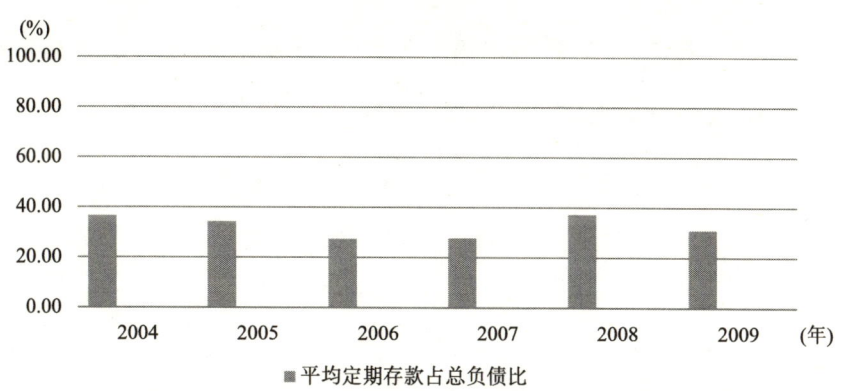

图 2-26　中小股份制上市银行平均定期存款占总负债比条形图

### 2.2.6 中小股份制上市银行的杠杆比率与国有上市银行的无太多差异

由图 2-27 和图 2-21 的比较可以看出,中小股份制上市银行的平均杠杆比率与国有上市银行都有高杠杆率,在 85% 至 92% 之间,存在高财务风险。但是,中小股份制上市银行杠杆比率的波幅比国有上市银行大。

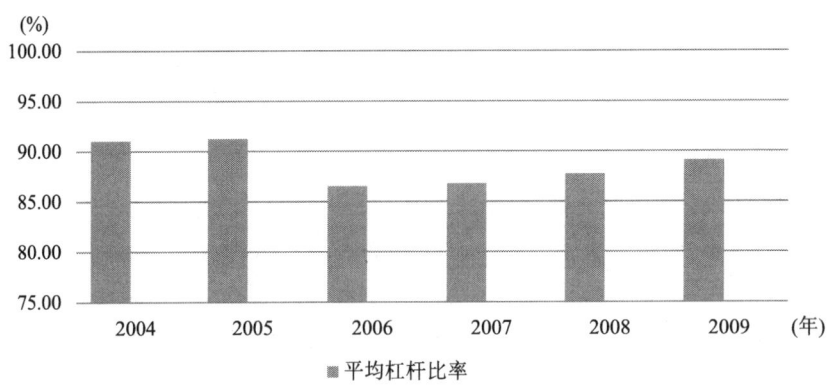

图 2-27 中小股份制上市银行平均杠杆比率图

### 2.2.7 两类银行的平均活期存款占总负债比和平均定期存款占总负债比的发展趋势不同

由图 2-28 和图 2-29 可知,国有上市银行的平均活期存款占总负债比有明显的下降的趋势,特别是在 2005—2006 年。而中小股份制上市银行的平均活期存款占总负债比则几乎不变。

而国有上市银行的平均定期存款占总负债比则是有上升但其后保持平稳。而中小股份制上市银行的则是所有波幅但还是保持在一定的水平之间。这说明,就长期储蓄来看,居民更加信赖国有上市银行。

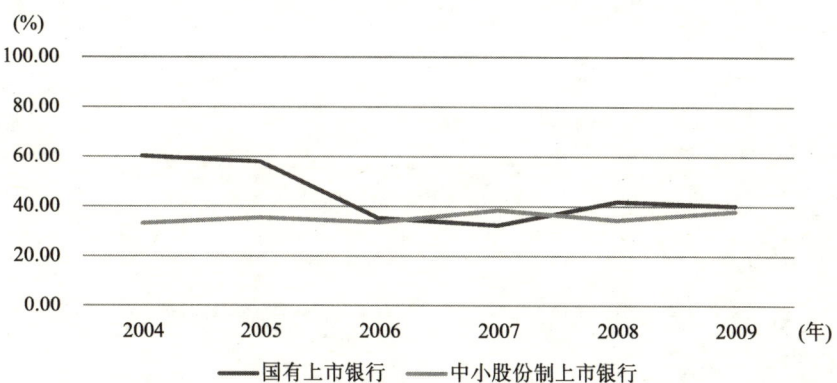

图 2-28 国有上市银行与中小股份制上市银行平均活期存款占总负债比折线图

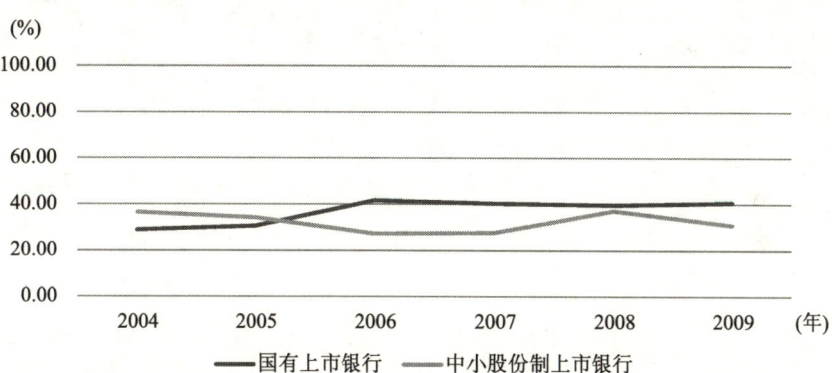

图 2-29 国有上市银行与中小股份制上市银行平均定期存款占总负债比折线图

### 2.2.8 两类银行的平均杠杆比率处于同一水平

由图 2-30 可知，两类银行的平均杠杆比率都维持在 90% 左右的高杠杆比率水平，具有高财务风险。但是，中小股份制上市银行的波幅较大，先降后升。

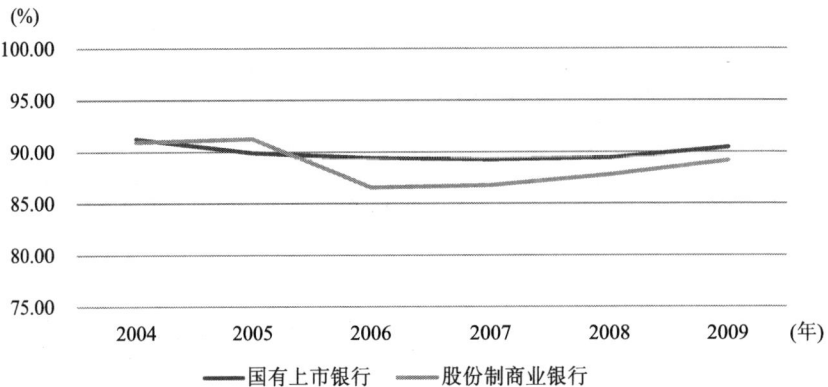

**图 2-30　国有上市银行与中小股份制上市银行平均杠杆比率图**

以上数据均来源于各大上市银行年报。

# 第3章
# "三性"原则下中国上市银行资本结构与绩效关系的实证研究

# 第3章 "三性"原则下中国上市银行资本结构与绩效关系的实证研究

国内对商业银行资本结构对绩效的影响，大多是选择盈利性作为绩效来研究的，与商业银行所强调的综合考虑流动性、安全性以及盈利性目标有些偏差，因此，需要对"三性"原则下的中国上市银行资本结构的经济效应进行分析。同样，要重点考察国家是否占主要股份这一情形对上市银行绩效的影响。

## 3.1 数据来源、理论假设、样本描述与估计方法

### 3.1.1 数据来源及变量定义

本部分的数据来自 CSMAR 证券财务年报股票市场研究数据库、RESSET 数据和各上市银行年报手工编辑。选取了 16 家上市银行 2004 年到 2009 年总共 6 年的财务数据，获得一个连续样本。

在变量选择上，被解释变量采用综合绩效指标。考虑到商业银行"三性"原则，在银行综合绩效的衡量方面，我们选择了银行资产收益增长率和反映公司市场价值的 Tobin's Q 值作为银行的盈利性指标。之所以采用 Tobin's Q 值，是因为它能够反映由于公司治理而增加的价值，正好也能反映银行因为资本结构调整影响银行公司治理从而达到银行绩效提高的目的；采用流动性比率作为反映商业银行流动性指标；采用全部资本充足率与不良贷款比率反映商业银行的安全性指标。在上述指标体系的基础上，首先分析各指标之间是否存在较强的相关性，如果是则采用统计上常用的主成分分析法来获得一个综合绩效指标（详见第三部分）。

解释变量除选择传统的第一大股东占比、第五大股东占比、股东性质（第一大股东是否为国有股）外，还考虑了股权与债权比例关系的影响，与债权占总资产比例互补的是所有者权益占比，而这恰好是商业银行核心资本的内容，而商业银行核心资本充足率以加权的风险资产作为所有者权益占比的分母，更能体现商业银行经营风险的特性。因此，我们选择核心资本充足率作为解释变量。另外，为了考察以次级债为主要内容的附属资本充足率对商业银行绩效的影响，也引入附属资本充足率作为解释变量，并将一般研究均认可的绩效影响因素——商业银行规模、成长性作为控制变量引入模型。

$$y_{it} = a_i + b_1 top_{1it} + b_2 sth_{it} + b_3 top_{5it} + b_4 capqcore_{it} + b_5 capqsub_{it} + b_6 size_{it} + b_7 grow_{it} + u_{it}$$

变量定义见表 3-1。

**表 3-1  上市银行资本结构与绩效关系的实证研究之变量定义表**

| 变量性质 | 变量名 | 计算公式 |
| --- | --- | --- |
| 被解释变量 | 综合绩效指标（y） | 由 5 个指标进行主成分分析后综合所得 |
| 解释变量 | 第一大股东持股比例（$top_1$） | 第一大股东持股比例 |
| | 股东性质（sth） | 第一大股东是否为国有股东（是为 1，不是为 0） |
| | 前五大股东持股比例（$top_5$） | 前五大股东持股比例 |
| | 附属资本充足率（capqsub） | 附属资本/风险加权 |
| 控制变量 | 核心资本充足率（capqcore） | 核心资本/风险加权 |
| | 银行规模（size） | LOG（总资产） |
| | 成长性（grow） | 营业收入环比增长速度 |

续表

| 变量性质 | | 变量名 | 计算公式 |
|---|---|---|---|
| 核算综合绩效变量 | 盈利性指标 | 市场与账面比率（mb） | 资产市场价值/资产账面价值 |
| | | 资产收益增长率（profitv） | 净利润增长额/总资产 |
| | 流动性指标 | 流动性比率（liquidity） | 流动资产/流动负债 |
| | 安全性指标 | 全部资本充足率（capqall） | （核心资本＋附属资本）/加权风险资产 |
| | | 不良贷款比率（npl） | 不良贷款/资产总额 |

### 3.1.2 理论假设

基于中国商业银行的事实，我们认为，国家在商业银行中控股，可以以国家信用作担保，会让投资者觉得更安全。因此，可以吸收更多存款，在中国商业银行业务收入主要来自利息的情况下，国家控股银行可以提高其绩效。当然，国家控股可能会存在内部人控制问题而导致其效益低下，但国有银行上市后，股权结构改变会促使其加强公司治理，因此：

假设1：第一大股东的国有性质与商业银行绩效正相关股权集中度（包括第一大股东与前五大股东比例）越高，意味着大股东越能按照商业银行整体利益来经营。

假设2：商业银行股权集中度与其绩效正相关。核心资本充足率以及附属资本充足率越高，商业银行越安全。

假设3：核心资本充足率以及附属资本充足率与商业银行绩效正相关。

### 3.1.3 样本数据的统计性描述

在确定变量后，给出各变量样本数据的统计性描述见表3-2。

表 3-2　上市银行资本结构与绩效关系的实证研究之样本数据统计描述一览表

| 样本名称 | 样本均值 | 样本标准差 | 样本最小值 | 样本最大值 |
| --- | --- | --- | --- | --- |
| 第一大股东持股比例 | 0.3103472 | 0.2301078 | 0.059 | 1 |
| 股东性质 | 0.400291 | 0.2767919 | 0 | 1 |
| 前五大股东持股比例 | 0.5518156 | 0.219948 | 0.243 | 1 |
| 附属资本充足率 | 0.0189402 | 0.0164681 | 0 | 0.0497 |
| 核心资本充足率 | 0.0897098 | 0.0371174 | 0.023 | 0.2685 |
| 成长性 | 0.3827402 | 0.2006807 | 0.0161 | 1.1068 |
| 银行规模 | 10.3227 | 0.6436044 | 8.35 | 11.42733 |
| 流动性比率 | 0.4968259 | 18.26638 | 0.2539 | 0.7559 |
| 资产收益增长率 | 0.090452 | 0.1390701 | 0 | 0.6179 |
| 不良贷款比率 | 0.1105622 | 0.1256187 | 0 | 0.4286 |
| 总资本充足率 | 0.1081622 | 0.0370037 | 0.0232 | 0.2685 |
| 市值账面比率 | 1.082 | 0.0783178 | 1 | 1.47 |

## 3.1.4　方程的估计方法

首先，按照商业银行的"三性"原则确定商业银行综合绩效的5个指标，通过主成分分析，获得一个商业银行绩效的综合指标。然后，以运算得出的综合绩效指标为被解释变量，资本结构指标作为自变量，并将大部分研究认为的对商业银行绩效有显著影响的商业银行规模、成长性变量作为控制变量建立面板数据模型进行分析。

对面板数据模型的设定有三种比较常用的方法，分别是混合 OLS、固定效应模型和随机效应模型。因此，首先要对模型设定进行筛选，然后对模型进行估计。显然，如果个体效应（固定效应或随机效应）显著异于零，那么就不能采用混合 OLS 模型。对于随机效应模型，它要求 Cov（$a_i$, $x_i$）=0，而固定效应模型则没有这一限制，所以如果这一假设无法满足，就只能采用固定效应模型。对收集的数据进行检验，个体效应的结果分别为：F = 3.87、P = 0.0026 < 0.05，F = 18.61、P = 0.0095 < 0.05，显示有明显的个体差异。因此，排除混合 OLS 的可能，应使用固定效应模型或者随即效应模型。然后，我们进行 hausman 检验，检验结果为 P = 0.0157 < 0.05，拒绝 Cov（$a_i$, $x_i$）=0 的原假设，选择固定效应模型。

接下来，由于面板数据往往容易存在异方差和自相关问题，所以还需利用修正的 Modified Wald 检验和 Wooldridge 检验分别对残差是否存在异方差和自相关进行检验。异方差的检验结果为：chi2（14）= 129.27，Prob = 0.0000 < 0.05，表明方程的残差存在异方差性；自相关性的检验结果为：F（1，11）= 18.853，Prob = 0.0012 < 0.05，表明方程的残差存在自相关。因此，采用 Stata 软件中可以得到固定效应模型的稳健型标准误差并同时纠正异方差和自相关问题的 xtscc 命令来对其进行参数估计。

## 3.2 "三性"原则下商业银行综合绩效的主成分估计

根据商业银行的"三性原则",选定上述包括市场与账面比率、资产收益增长率、流动性比率、全部资本充足率、不良贷款比率五个指标并运用主成分方法来获得一个反映商业银行综合绩效的综合指标。首先,对各个指标进行标准化处理,以消除量纲不同的影响。在进行主成分分析之前,需要先进行 KMO 分析。KMO 分析结果见表 3-3。

表 3-3 "三性"原则下商业银行综合绩效的主成分估计变量的 KMO 值表

| 变量 | KMO 值 |
| --- | --- |
| mb（z1） | 0.5734 |
| liquidity（z2） | 0.6377 |
| capqall（z3） | 0.5932 |
| npl（z4） | 0.6975 |
| profitv（z5） | 0.5955 |
| KMO 数值 | 0.6204 |

分析结果发现,6 个变量指标的 KMO 值均大于 0.5,综合 KMO 值为 0.6204 也大于 0.5,所以我们认为这些指标之间存在较强的相关性,因而运用主成分分析法对 6 个指标进行处理。经过计算,结果如表 3-4:

表 3-4　　　　　方差分解主成分提取结果表

| 主成分 | 特征值 | 方差贡献率 | 累计贡献率 |
|---|---|---|---|
| 1 | 2.0598 | 0.4120 | 0.4120 |
| 2 | 1.4934 | 0.2987 | 0.7107 |
| 3 | 0.5653 | 0.1131 | 0.8237 |
| 4 | 0.4839 | 0.0968 | 0.9205 |
| 5 | 0.3975 | 0.0795 | 1.0000 |

可见，前三个主成分方差解释能力为 41.2%、29.87% 和 11.31%，累计方差解释能力为 82.37%，说明前 3 个因子能够反映原来 5 个指标的大部分信息，可以用来代替原来 5 个指标。

表 3-5　　　　　　初始因子载荷矩阵表

| 项目 | 第一主成分 | 第二主成分 | 第三主成分 |
|---|---|---|---|
| 市场与账面比率 | -0.3365 | 0.5802 | 0.0411 |
| 流动性比率 | 0.4554 | 0.4270 | -0.5680 |
| 资产收益增长率 | -0.3331 | 0.5703 | 0.3986 |
| 不良贷款比率 | 0.5559 | -0.0182 | 0.1442 |
| 全部资本充足率 | 0.5094 | 0.3943 | 0.0914 |

由表 3-5 可知：在第一主成分中，不良贷款率和全部资本充足率的载荷比较大，反映了商业银行安全性的信息；第二主成分中，市场与账面比率和资产收益增长率的载荷比较大，反映了商业银行盈利性的信息；第三主成分中，流动性比率的载荷比较大，反映了商业银行流动性的信息。从而，三个主成分的线性表达式为：

gen f1 $= -0.3365z_1 + 0.4554z_2 - 0.3331z_3 + 0.5559z_4 + 0.5094z_5$

gen f2 $= 0.5802z_1 + 0.4270z_2 + 0.5703z_3 - 0.0182z_4 + 0.3943z_5$

gen f3 $= 0.0411z_1 - 0.5680z_2 + 0.3986z_3 + 0.7188z_4 + 0.0112z_5$

最后，用特征值作为权重计算4个主成分得分的加权平均，从而得到每家银行年度观测值的绩效指数，记为 y。

y = [2.0598/（2.0598 + 1.4934 + 0.5653）] × f1 + [1.4934/（2.0598 + 1.4934 + 0.5653）] × f2 + [0.5653/（2.0598 + 1.4934 + 0.5653）] × f3

## 3.3 商业银行资本结构与综合经营绩效关系的实证分析

为了探究中国上市银行资本结构和综合经营绩效的关系，下面以16家上市银行 2004—2009 年各年的截面数据，根据上述模型和估计方法并运用 STATA10.0 软件进行回归，得到的回归结果如表 3-6。

表 3-6 商业银行资本结构与综合经营绩效关系回归结果分析表

| 变量 | b（t） |
| --- | --- |
| 截距项 | |
| -cons | 3.202（1.887） |
| 第一大股东持股比例 | -0.415（-1.073） |
| 股东性质 | 0.844***（5.900） |
| 前五大股东持股比例 | -0.229（-0.737） |
| 附属资本充足率 | 14.271***（3.728） |
| 核心资本充足率 | 8.316***（5.051） |
| 银行规模 | -0.404***（-3.495） |
| 成长性 | -0.362（-1.699） |

注：显著性水平规定为：* $p<0.1$，** $p<0.05$，*** $p<0.01$。

从运行结果来看，股东性质在1%的水平上与绩效显著正相关。这个结果与以往的研究不一致。以往的文献大多表明，国有股占比较大的银行（一般是国有商业银行），因为长期以来受政府的控制，特别是在转轨时期，国有商业银行承担了对国有企业的"金融补贴"，所以一般表现为不良资产率较高，资本充足率与盈利均较低，因此国有股性质往往与经营绩效成负相关。而我们采用的都是银行上市后的样本，为国有银行上市，国家对四大国有银行均采取了剥离不良资产并注入新资金的办法，同时引进国外战略投资者，引进先进的银行管理经验，所以国有银行上市后，无论是资本充足率还是盈利水平均得以大大提高。就总资本充足率而言，国有上市银行甚至超过了股份制银行，净利润增长率也超过了部分股份制银行。国有上市银行还可以因为其"国有"背景而让投资者放心，因此资产安全性也较高。可见，在国有银行上市后，因为其公司治理的进一步完善，"国有"的身份反而有利于商业银行综合绩效的提高。

核心资本充足率与附属资本充足率都在1%的水平上与银行绩效显著正相关，并且系数分别达到8.316、12.272。可见，提高资本充足率，不仅仅是为了应付资本管制下的最低资本充足率要求，更是影响商业银行绩效的重要因素，因此应成为商业银行公司治理的重要内容。核心资本充足率主要通过商业银行盈利增长以及股本增加或因为增发所造成资本公积增加等方式来实现，而附属资本充足率往往是通过次级债的发行来实现，我国商业银行次级债占比较低，因此普遍表现为附属资本充足率较低的状况，这与国际上附属资本充足率基本与核心资本充足率相等的差距较大。是通过股票市场增加股本、提高银行盈利来提高核心资本充足率还是通过发行次级债来提高附属资本充足率，实际上就是商业银行资本结构所要讨论的问题。可见，从商业银行核心资本充足率与附属资本充足率都与银行绩效显著正相关可以看出，对商业银行资本结构的研究与实践已经刻不容缓。

商业银行规模在 1% 的水平上与其绩效显著负相关，不过系数不大，为 -0.404。说明总体来说，大型商业银行虽会因为"太大而不能倒闭"显得更为安全，但整体来说银行规模越大反而不利于其综合效益的提高。

而股权集中度（包括第一大股东与前五大股东占比）以及商业银行的成长性对商业银行综合绩效影响却并不明显。

## 3.4 本章研究的政策意义

第一，在商业银行上市后，第一大股东为国家的商业银行，并不像以前的研究那样必然会降低银行绩效；相反，随着其公司治理的完善，国有性质却能够促进其综合绩效提高。可见，"国有控股"并不是国有商业银行效率低效的"原罪"，国有银行的市场化改革，不仅仅是一场产权的变革，如何按照市场的要求完善其公司治理机制（包括资本结构调整）才是下一步改革的方向。

第二，商业银行核心资本充足率与附属资本充足率的提高，不仅仅是为了满足银行监管的要求，更能提高商业银行的综合绩效。作为商业银行本身，应该努力完善公司治理，创新业务和产品，提高自身盈利能力，从而增加自身的核心资本。同时，也应在银行业务发展过程中，调整好自身资本结构，促进自身绩效的提高。作为政府，应该尽快完善资本市场，促进商业银行融资的顺利实现。目前，商业银行的附属资本比率与国际商业银行相比较低，因此，政府应尽快出台次级债相关法律和制度，促进债券市场特别是次级债市场的发展。

  第三，商业银行的规模与其绩效负相关，说明规模较小银行具有绩效上的优势。因此大力发展各地中小商业银行，促进他们按照市场的要求来完善包括资本结构调整在内的自身治理结构是正确的选择。国家应该出台相关政策或法律，促进中小银行的发展。目前，一部分民间资金进入楼市和股市，干扰了国家的宏观调控，国家虽然鼓励民间资金进入金融领域特别是农村金融领域，但目前尚缺乏详细的实施细则，因此，有必要尽快出台相应细则，引导民间资金投向向中小金融机构。

# 第4章
# 中国上市银行资本结构决定因素的实证研究

从第3章的实证我们可以看出，商业银行的股权结构、与负债水平相对应的核心资本充足率以及附属资本充足率等对其绩效影响显著。也就是说，优化商业银行资本结构是商业银行提高其综合绩效的有效途径。可见，首要的问题在于，要弄清楚到底是哪些因素决定了商业银行资本结构，才能为找出有效的药方提供理论基础。而一般公司资本结构影响因素的分析，常常将商业银行排除在外。因此，本报告对商业银行资本结构的因素分析，重点在于从商业银行要受到严格的资本管制这一重要特征出发，分析到底是最低资本充足率要求还是一般公司资本结构影响因素决定了我国上市银行的资本结构。

## 4.1 理论假设、变量定义及模型设定

按照商业银行资本结构是取决于监管资本要求还是资本结构的一般决定因素。作出了以下几种假设，其中选取银行规模、非债务税盾、破产成本（收益波动性）、盈利性、股东性质、股权集中度、资产的有形性、托宾 Q 值 8 个变量作为资本结构一般的决定因素。在这些变量中，任何一个的显著性的结果将拒绝最初的假设并因此得出结论，那就是资本要求并不能完全决定银行资本结构。

假设一：资本结构的标准决定因素对商业银行资本没有显著的解释力。

被考虑的决定因素由银行规模 Size、非债务税盾 Ndts、盈利性 Prof、股东性质 Sth、控股权集中度 Top1 资产构成 Coll、托宾 Q 值 Mtb、公司收益波动率 Profv 组成。

假设一由估计方程检验（4-1）表示：

$$L_{i,t} = f(Size_{i,t}, Ndts_{i,t}, Prof_{i,t}, Sth_{i,t}, Top1_{i,t}, Coll_{i,t}, Mtb_{i,t}, Profv_{i,t}) \tag{4-1}$$

在方程中，$L_{i,t}$ 是假设一中的个体 i 在 t 时期的账面杠杆（因为资本充足率要求是用账面数据计算的，所以选取资本结构水平为账面杠杆）。

如果如米什金（2000）所述，可以推断，资本监管主要决定银行资本结构以及资本结构的标准决定因素的影响将是微不足道的。

假设二：资本充足率要求对银行资本结构有显著的解释力，并且资

本结构的标准决定因素的影响是微不足道的。

为了测试假设二，公式（4-2）估计：

$$L_{i,t} = f(Size_{i,t}, Ndts_{i,t}, Prof_{i,t}, Sth_{i,t}, Top1_{i,t}, Coll_{i,t}, Mtb_{i,t}, Profv_{i,t},$$
$$Capqcore_{i,t}, Capqsub_{i,t}) \qquad (4-2)$$

公式中 $Capqcore_{i,t}$ 和 $Capqsub_{i,t}$ 是核心资本充足率与附属资本充足率。

此外，考虑到宏观经济因素在金融和经济体系的关键作用，银行的资本要求是受周期性的宏观经济影响的①，所以，银行特别容易陷入系统性风险，人们预期宏观经济因素将对银行资本结构决定产生显著的影响。

假设三：宏观经济因素对银行资本结构有显著的解释力。

宏观经济因素由 GDP 的增长和通货膨胀因素 CPI 组成。之所以没有采用（GRFH，2007，MORB，2008）提出的股票市场风险指标，主要是考虑到长期以来中国上市银行股权再融资的渠道只有配股一种，而要取得配股资格，需要最近3个完整会计年度的净资产收益率平均在10%以上。因此，商业银行在资本市场上融资将受到限制，反而是通货膨胀率将很大程度上影响居民在银行的存款水平，也就是影响商业银行的负债水平，因此我们选择 GDP 增长速度与通货膨胀水平作为宏观经济影响因素。

为了检验第三个假设，公式（4-3）估计：

$$L_{i,t} = f(Size_{i,t}, Ndts_{i,t}, Prof_{i,t}, Sth_{i,t}, Top1_{i,t}, Coll_{i,t}, Mtb_{i,t}, Profv_{i,t},$$
$$Capqcore_{i,t}, Capqsub_{i,t}, GDPGrowth_{i,t}, Cpi_{i,t}) \qquad (4-3)$$

---

① 银行资本的顺周期性表明，在经济衰退是银行将不得不拥有更多的资本。这是由"违约的可能性"的增加所造成的，再者在这种情况下，银行所面临的"违约损失"大大提高了银行的风险。周期性本可以减少将加剧银行业绩的信贷供应。

公式中，$GDPGrowth_{i,t}$ 是实际国内生产总值增长率，$Cpi_{i,t}$ 是商品零售物价指数。

表 4-1 是本文变量定义一览表：

**表 4-1 上市商业银行资本结构决定因素的实证研究之变量定义一览表**

| 变量性质 | 变量名称 | 符号 | 变量定义 |
|---|---|---|---|
| 被解释变量 | | | |
| 被解释变量 | 账面杠杆比率 | bl | 全部负债与账面总资产比值 |
| 解释变量 | | | |
| 资本结构影响变量 | 规模 | size | 以百万元计的资产账面价值的自然对数 |
| | 非债务税盾 | ndts | 上一年度的折旧额与总资产的比值 |
| | 盈利性 | prof | 税前利润和利息支出之和 |
| | 股东性质 | sth | 国家法人持股与总股本的比值 |
| | 股权集中度 | top1 | 银行第一大股东持股数占总股本的比值 |
| | 资产构成 | coll | 有形资产的总价值与资产账面价值之比 |
| | 市场账面比率 | mtb | 市场与账面价值比率 |
| | 公司收益波动率 | profv | 过去二年 EBIT 的方差与同期内 EBIT 的均值的比值 |
| | 核心资本充足率 | capqcore | 核心资本充足率 |
| | 附属资本充足率 | capqsub | 附属资本充足率 |
| | 实际 GDP 增长 | gdpgrowth | 用物价指数调整后的 GDP 增长 |
| | 通货膨胀率 | cpi | （1978 为基期）商品零售物价指数 |

## 4.2 数据来源、样本描述及估计方法

### 4.2.1 数据来源及样本描述

本书的数据来自 CSMAR 证券财务年报股票市场研究数据库、

RESSET 数据和各上市银行年报。在选择样本时遵循如下原则：（1）由于数据的可得性与稳定性，只考虑了已经上市一年的商业银行；（2）选用的是 14 家银行 2003－2009 的年度数据①。深圳发展银行因为 2004 年实施了新桥并购事件，所以将当年数据排除。因此我们获得了一个开始于 2003 年结束于 2009 年的年度连续样本。我们把所使用的全部样本描述如表 4－2：

表 4－2　上市银行资本结构决定因素的实证研究之样本统计描述一览表

| | 均值 | 标准差 | 最大值 | 最小值 |
|---|---|---|---|---|
| 账面杠杆比率 | 0.886150 | 0.037795 | 0.693300 | 0.9423 |
| 规模 | 13.60957 | 1.646712 | 8.990000 | 16.2800 |
| 非债务税盾 | 0.003112 | 0.002755 | 0.000859 | 0.0130 |
| 成长性 | 0.358599 | 0.175394 | 0.016100 | 0.6671 |
| 盈利性 | 0.030143 | 0.028615 | 0.010000 | 0.2600 |
| 股东性质 | 0.405840 | 0.259170 | 0.000000 | 1.0000 |
| 股权集中度（第一大股东占比） | 0.264003 | 0.197715 | 0.059000 | 0.8522 |
| 资产构成 | 0.008843 | 0.003756 | 0.003000 | 0.0180 |
| 托宾 Q 值 | 1.117286 | 0.088103 | 1.000000 | 1.4400 |
| 公司收益波动率 | 0.098234 | 0.148246 | 0.000000 | 0.6179 |
| 核心资本充足率 | 0.084523 | 0.039418 | 0.040700 | 0.2738 |
| 附属资本充足率 | 0.029327 | 0.009745 | 0.000000 | 0.0520 |
| 实际国内生产总值增长 | 0.113367 | 0.021266 | 0.085932 | 0.1436 |
| 通货膨胀率 | 0.037771 | 0.016195 | 0.015000 | 0.0600 |

---

① 这 14 家银行分别是：北京银行、华夏银行、交通银行、南京银行、浦发银行、深圳发展银行、招商银行、中信银行、民生银行、兴业银行、浙江银行、中国银行、中国建设银行、中国工商银行。

# 第4章 中国上市银行资本结构决定因素的实证研究

表4-3 上市银行资本结构决定因素的实证研究之各变量间的相关系数表

| | 账面杠杆比率 | 规模 | 非债务税盾 | 成长性 | 盈利性 | 股东性质 | 控股权集中度 | 资产构成 | 托宾Q值 | 公司收益波动率 | 核心资本充足率 | 附属资本充足率 | 实际国内生产总值增长 | 通货膨胀率 |
|---|---|---|---|---|---|---|---|---|---|---|---|---|---|---|
| 账面杠杆比率 | 1 | | | | | | | | | | | | | |
| 规模 | -0.0256 | 1 | | | | | | | | | | | | |
| 非债务税盾 | -0.1372 | -0.0850 | 1 | | | | | | | | | | | |
| 成长性 | 0.0626 | -0.310 | 0.0801 | 1 | | | | | | | | | | |
| 盈利性 | 0.0273 | 0.0597 | -0.0545 | 0.0692 | 1 | | | | | | | | | |
| 股东性质 | 0.0677 | 0.5862 | -0.0395 | -0.294 | 0.1713 | 1 | | | | | | | | |
| 控股权集中度 | -0.2462 | 0.6558 | -0.0158 | -0.458 | -0.1410 | 0.5362 | 1 | | | | | | | |
| 资产构成 | 0.0689 | 0.2953 | 0.0149 | -0.218 | -0.1070 | 0.3780 | 0.3658 | 1 | | | | | | |
| 托宾Q值 | 0.9189 | 0.1012 | -0.0558 | -0.04 | 0.0160 | 0.0051 | 0.2583 | -0.041 | 1 | | | | | |
| 公司收益波动率 | -0.1049 | -0.1040 | 0.5337 | 0.0231 | -0.0840 | -0.0150 | -0.1710 | -0.0260 | -0.2790 | 1 | | | | |
| 核心资本充足率 | -0.7853 | -0.1160 | 0.3513 | -0.180 | -0.0900 | -0.1400 | 0.1779 | 0.0086 | 0.5154 | 0.0945 | 1 | | | |
| 附属资本充足率 | 0.1528 | -0.1980 | -0.1421 | 0.3942 | -0.0050 | -0.1220 | -0.3790 | -0.2780 | -0.1880 | 0.3085 | -0.2770 | 1 | | |
| 实际国内生产总值增长 | -0.3013 | 0.0213 | 0.2566 | 0.0067 | -0.1600 | 0.0818 | 0.1465 | 0.2665 | 0.3624 | 0.0453 | 0.1932 | -0.2530 | 1 | |
| 通货膨胀率 | -0.1157 | 0.0524 | -0.1064 | -0.140 | -0.0130 | -0.1890 | 0.1549 | -0.3410 | -0.0070 | 0.0329 | 0.2586 | -0.0240 | -0.2340 | 1 |

表4-3显示了主要变量之间的关系。规模较大的银行具有更低的成长机会以及更低的核心资本充足率。利润较丰厚的银行趋于更高的杠杆。这与国内银行主要收入来源来自存贷差有关，因此较高的负债水平能够带来更多的盈利。托宾Q值（市值与账面价值之比）和账面杠杆比率成负相关，这意味着拥有高托宾Q值的银行趋于拥有从市场上获得资金而减少了负债。有形性（资产构成）和账面杠杆成正相关，这意味着拥有高比率抵押资产的银行趋于拥有更高的杠杆。公司收益波动率和账面杠杆成负相关，意味着波动较大的银行拥有较低的杠杆。由此看来，风险高的银行须持有更多的账面资本，因为其所需的最低资本变高了，这种负相关关系为第二个假设提供了初步支持。

### 4.2.2 估计方法

（1）模型选择：我们首先要对模型设定进行筛选。显然，如果个体效应（固定效应或随机效应）显著异于零，那么就不能采用混合OLS模型。对于随机效应模型，它要求自变量与随机误差项不相关。而固定效应模型则没有这一限制，所以如果这一假设无法满足，我们就只能采用固定效应模型，方法是进行hausman检验，检验结果如果为P值小于0.05，拒绝原假设，选择固定效应模型；否则，选择随机效应模型。

（2）计量检验：由于面板数据往往容易存在异方差和自相关、截面相关问题，所以还需要利用修正的Modified Wald检验、Wooldridge检验和Pesaran检验分别对残差是否存在异方差、自相关和截面相关进行检验。

（3）方程估计：对于不同假设的计量检验结果，如果仅存在异方差，就采用异方差稳健型估计；如果仅存在序列相关，就采用两阶段估计或newway2估计；如果仅存在截面相关，就在估计中采用cluster选项;但大多情况是异方差序列相关截面相关同时存在,因此采用 Stata 软件中可以得到固定效应模型的稳健型标准误并同时纠正异方差和自相关问题的 xtscc 命令来对其进行参数估计。

在本部分模型设定形式的检验中,我们发现所有假设方程的个体效应(固定效应与随机效应)都显著异于零[①]。hausman 检验结果表明各模型都应该选择固定效应模型。因此,在所有的方程估计中,都是采用固定效应模型。接下来对各假设方程进行异方差和序列相关检验,得出各方程存在异方差和序列相关,我们采用 xtscc 命令以消除异方差和序列相关等影响,保证方程参数估计的有效性。

### 4.2.3 模型阐述

固定效应对于一般的面板实证模型的设定如下:

$$L_{i,t} = a_i + \beta_j \sum_{j=1}^{n} x_{j,i,t} + \varepsilon_{i,t}$$

第一个模型指定 $i$ 和 $t$ 分别为银行和年。相应地,$L_{i,t}$ 被定义为第 $i$ 个个体在第 $t$ 年的杠杆水平,$X_{j,i,t}$ 是第 $i$ 个个体在第 $t$ 年的第 $j$ 个解释变量,$\varepsilon_{i,t}$ 是第 $t$ 年 $i$ 个体的随机误差,$\beta_j$ 是各变量前的系数,$\alpha_i$ 表示个体效应。

用下列估计方程用来分析第一个假设:

$$L_{i,t} = \alpha_i + \beta_1 \ln(size_{i,t}) + \beta_2 Ndts_{i,t} + \beta_3 Grow_{i,t} + \beta_4 Prof_{i,t} + \beta_5 Sth_{i,t}$$
$$+ \beta_6 Top1_{i,t}$$
$$+ \beta_7 Coll_{i,t} + \beta_8 Mtb_{i,t} + \beta_9 Profv_{i,t} + \varepsilon_{i,t} \quad (4-5)$$

---

[①] 这一点与(GRFH,2007;MORB,2008)的结论均不相同,原因是他们的研究都是在比较不同国家的商业银行,而国家间的政策(包括资本管制)和经济环境存在着显著差异,因此,其检验的结果是个体效应很显著。而我们的样本是处在同一国家背景下,所面临的政策环境相同,个体效应不显著也就可以理解。

其中，$L_{i,t}$ 是在分别检验第一个假设中的账面杠杆。因为商业银行的部分债务如次级债可作为附属资本使用，因此，我们的账面杠杆计算采用"1－核心资本充足率"。资产的市场价值被定义为权益市场价值和负债的账面价值之和。股票的市场价值由年末的股份数乘以收盘价得到。

第二个假设涉及以下公式的估计：

$$L_{i,t} = \alpha_i + \beta_1 \ln(size_{i,t}) + \beta_2 Ndts_{i,t} + \beta_3 Grow_{i,t} + \beta_4 Prof_{i,t} + \beta_5 Sth_{i,t} + \beta_6 Top1_{i,t} + \beta_7 Coll_{i,t} + \beta_8 Mtb_{i,t} + \beta_9 Profv_{i,t} + \beta_{10} Capqcore_{i,t} + \beta_{11} Capqsub_{i,t} + \varepsilon_{i,t} \quad (4-6)$$

公式中，$L_{i,t}$ 代表账面杠杆。除变量 $Capqcore_{i,t}$ 和 $Capqsub_{i,t}$ 外，所有的解释变量都和公式（4－5）有相同的定义。$Capqcore_{i,t}$ 为核心资本充足率，$Capqsub_{i,t}$ 为附属资本充足率，这两个变量是用来衡量银行资本结构的最低资本充足率管制要求的因素。

此外，第三个假设是通过估计下列公式来分析的：

$$L_{i,t} = \alpha_i + \beta_1 \ln(size_{i,t}) + \beta_2 Ndts_{i,t} + \beta_3 Grow_{i,t} + \beta_4 Prof_{i,t} + \beta_5 Sth_{i,t} + \beta_6 Top1_{i,t} + \beta_7 Coll_{i,t} + \beta_8 Mtb_{i,t} + \beta_9 Profv_{i,t} + \beta_{10} Capqcore_{i,t} + \beta_{11} Capqsub_{i,t} + \beta_{12} GDPGrowth_{i,t} + \beta_{13} CPI_{i,t} + \varepsilon_{i,t} \quad (4-7)$$

公式所增加的两个变量是 $GDPGrowth_{i,t}$ 和 $CPI_{i,t}$。$GDPGrowth_{i,t}$ 反映了被物价指数调整的实际 GDP 增长率。同时，$CPI_{i,t}$ 反映的是以 1978 为基期零售商品物价指数，通常用来观察通货膨胀水平。

## 4.3　运行结果分析

表 4－4 列出了第一个假设对应的方程的回归结果。表 4－5 列示了

方程（4-6）的估计结果而表4-5列示了方程（4-7）的回归结果。这两个表分别对应假设二和假设三。

### 4.3.1 假设一模型的运行结果分析

从表4-3结果可以看出变量的统计显著性，公司规模、非债务税盾、托宾Q值、公司收益波动率、股东性质在1%的水平下显著，股权集中度在5%水平下显著，成长性在10%的水平下显著。资本结构的标准决定因素能够解释中国上市银行的账面及市场杠杆。这个结论进一步被在1%水平上所有解释变量的联合显著性的F检验证实了。此外，调整后的$R^2$是79.1%，高于MORB（2008）所报告的77.2%和GRFH（2007）的32%，这就意味着监管资本要求不完全决定银行账面资本，以及资本结构的标准决定因素有决定银行账面资本的能力。因此，第一个假设，即"资本结构的标准决定因素没有解释银行账面资本的能力"的结论被拒绝，而接受第二个假设，即资本结构的标准决定因素对银行资本有显著的解释力。从各参数的符号来看，基本符合我们的预期。

（1）规模和杠杆在1%的水平下正相关。可能受银行"太大而不能倒闭"理念的影响，存款人往往会认为将存款放在大型银行较为安全，这将导致规模较大银行（目前主要是国有控股上市银行）的主要负债——存款数量的增加，因而往往具有较高的杠杆。

（2）托宾Q值与杠杆在1%的水平下显著负相关关系，说明拥有更高托宾Q值的银行趋于拥有更少的额外账面资本，因为这些银行拥有更高的增长机会，更易于以一个公平的价格增加新股，从市场融资的概率越大，因此负债水平降低。

（3）非债务税盾和杠杆在1%的水平下负相关。因为非债务性避税取代利息费用发挥了抵减银行税收的作用，非债务性避税可以取代债务融资的好处，所以折旧提取较多的银行往往有较低的杠杆。

（4）国有股占比在1%水平下与杠杆正相关。因为国家信用的担保，使得存款人认为存在国有银行更为安全，再加上原来国有银行网点多分布广，因此，国有银行更能够得到更多的存款，杠杆率水平提高。

（5）收益波动率与账面杠杆在1%的水平下显著负相关，说明风险较大的银行负债水平越低，这也符合国家资本监管的要求。

（6）第一股东占比越高，出于安全性的考虑，其负债比率越低，而成长性较好的银行，需要更多负债来维持，所以负债水平较高。

表4-4　　　　　　银行账面杠杆的标准横截面决定因素表

| 变量 | 账面杠杆 | |
| --- | --- | --- |
| 参数 | b | (se) |
| 截距项 C | 1.084*** | (15.272) |
| 规模 | 0.008*** | (3.149) |
| 非债务税盾 | -3.669*** | (-5.715) |
| 盈利性 | -0.003 | (-0.071) |
| 股东性质 | 0.029*** | (5.080) |
| 股权集中度 | -0.048** | (-2.443) |
| 资产构成 | -0.047 | (-0.065) |
| 托宾Q值 | -0.263*** | (-4.236) |
| 公司收益波动率 | -0.055*** | (-6.227) |
| 成长性 | 0.031* | (1.834) |
| 观测值 | 81.000 | |
| 调整拟合优度 | 0.791 | |

注：b为参数估计，se为标准误差，显著性水平规定为：* $p<0.1$，** $p<0.05$，*** $p<0.01$。

### 4.3.2　假设二模型的运行结果分析

而将核心资本充足率和附属资本充足率加入假设二模型中后，从表

4-5 可以看到，其余的变量在符号上和显著性上都与前面的假设一模型得出来的结果差不多。但是在假设二模型中得出了核心资本充足率与附属资本充足率对账面杠杆在 1% 水平下显著负相关的结论。这是因为，为满足中国银监会最低资本充足率的要求，上市银行将会更多地选择将盈利留存或上市再融资方式来融资。2017 年各上市银行纷纷在股票市场再融资就证明了这一点，这也是核心、附属资本充足率与账面杠杆显著负相关的重要原因，也验证了假设二最低资本要求是影响上市银行资本结构的重要因素。

表 4-5 控制资本充足率后的银行账面杠杆的标准决定因素运行结果表

| 变量 | 账面杠杆 | |
| --- | --- | --- |
| 参数 | b | （se） |
| 截距项 C | 1.621*** | （-243.1） |
| 规模 | -0.002** | （-2.496） |
| 非债务税盾 | -1.008*** | （-4.863） |
| 盈利性 | -0.018 | （-1.102） |
| 股东性质 | 0.007*** | （-5.041） |
| 控股权集中度 | -0.020 | （-1.710） |
| 资产构成 | 0.565* | （-1.921） |
| 托宾 Q 值 | -0.635*** | （-62.017） |
| 公司收益波动率 | -0.004 | （-0.827） |
| 成长性 | -0.009* | （-2.109） |
| 核心资本充足率 | -0.765*** | （-19.000） |
| 附属资本充足率 | -0.807*** | （-16.737） |
| 观测值 | 81.000 | |
| 调整拟合优度 | 0.861 | |

注：b 为参数估计，se 为标准误差，显著性水平规定为：* $p<0.1$，** $p<0.05$，*** $p<0.01$。

### 4.3.3 假设三模型的运行结果分析

在假设三模型中,加入宏观经济因素 GDP 增长速度以及反映通过膨胀水平的零售商品物价指数 CPI。从表 4-6 结果可以看出,所加入的 CPI 变量不显著,但 GDP 变量与账面杠杆在 1% 的水平上正相关,其余变量的符号或显著性与模型二差不多一样,这说明在我国的商业银行中,其资本结构会显著受到国内宏观经济的影响。

对于这一运行结果,MORB（2008）认为：GDP 增长和股票市场风险的微小可能是由于银行和在解释银行账面杠杆方面显示显著影响的年固定效应没有包括在内。但我们认为,由于国内居民具有储蓄偏好,随着 GDP 的增长,居民在商业银行的存款会增加,从而导致商业银行负债水平提高（见表 4-6 的运行结果）。

表 4-6  控制资本充足率、实际 GDP 增长、通货膨胀后的银行

账面杠杆的标准决定因素运行结果表

| 变量 | 账面杠杆 | |
|---|---|---|
| 参数 | b | (se) |
| 截距项 C | 1.619 | (-1.306) |
| 规模 | -0.001** | (-2.890) |
| 非债务税盾 | -0.008 | (-0.495) |
| 盈利性 | 0.007*** | (-5.077) |
| 股东性质 | -0.020* | (-1.870) |
| 控股权集中度 | 0.454 | (-1.523) |
| 资产构成 | -0.006 | (-1.472) |
| 托宾 Q 值 | -1.141*** | (-5.647) |
| 公司收益波动率 | -0.010* | (-1.836) |
| 成长性 | -0.758*** | (-20.629) |

续表

| 变量 | 账面杠杆 | |
|---|---|---|
| 核心资本充足率 | -0.757*** | (-18.457) |
| 附属资本充足率 | -0.646*** | (-77.476) |
| 实际 GDP 增长 | 0.106*** | (-4.056) |
| 通货膨胀率 | 0.030 | (-1.117) |
| 观测值 | 81.000 | |
| 调整拟合优度 | 0.860 | |

注：b 为参数估计，se 为标准误差，显著性水平规定为：* $p<0.1$，** $p<0.05$，*** $p<0.01$。

## 4.4 本章结论及政策建议

近年来，国内商业银行纷纷上市，其融资结构也就由传统的负债经营转变为股权融资和债务融资相结合，从而面临着资本结构的调整与优化问题。金融危机后，国家希望实施使商业银行更为安全的监管，但是，作为商业银行风险承担的资本到底是由什么因素决定的呢？是最低资本充足率吗？还是其他什么因素？这是中国银行监管层与商业银行自身都需要思考的问题。

一直以来，人们大多认为是最低资本充足率要求决定了商业银行的资本结构，但陆续有学者发现一些发达及发展中国家商业银行的资本结构不但受到最低资本要求的影响，也受到标准的公司资本结构因素的影响。而对中国上市银行的核心资本充足率统计显示，历年来各银行核心资本充足率均超过了规定的4%水平，这说明除资本充足率管制外，应该还存在影响中国商业银行资本结构的因素。

本部分通过一个 14 家已上市银行组成的样本，首次结合资本结构的标准决定因素及最低资本充足率要求管制两方面对中国上市银行资本结构影响因素进行了实证分析。我们发现，资本结构的标准决定因素对中国上市银行的资本结构也有较强的解释力，而且当我们控制最低资本要求变量——核心资本充足率和附属资本充足率后，资本结构的标准决定因素总的重要性并没有改变。另外，宏观经济因素——GDP 增长率与商业银行的资本结构显著正相关，这可能与国内居民的储蓄偏好有关。由此可见，最低资本充足率要求、一般公司资本结构因素以及宏观经济因素均是决定商业银行资本结构的重要因素。

因此，从微观层面讲，商业银行应该加强自身公司治理机制的完善，按照"三性"原则，调整与优化自身资本结构。另外，也要关注宏观经济的变化，从而将自身资本结构调整到最优水平。

从宏观层面看，国家要审慎制定资本充足率要求，按照新巴塞尔协议修正要求，确定合适的有利于逆周期监管的资本充足率，促进商业银行风险的防范。另外，由于附属资本充足率也显著影响商业银行资本结构，所以国家除完善商业银行资本市场融资政策外，还需要积极促进银行的次级债市场的发展。

# 第 5 章
# 中国上市银行资本结构动态调整的实证分析

在弄清楚商业银行资本结构影响因素后,我们又遇到了新的问题,那就是,随着商业银行的发展,其最优资本结构也是动态变化的,那么,商业银行的资本结构会以什么样的规律而动态变化呢?调整的速度是一成不变的还是不断发生改变的呢?这个调整速度还受到哪些因素的影响?诸如此类的问题,是商业银行资本结构管理中面临的现实而又深刻的课题,但国内目前尚有对此的实证研究。因此,本章将在此问题的实证上做出努力。因为国有商业银行上市时间并不长,只选取了几家上市银行较长的股份制银行进行了研究。

在对商业银行资本结构的研究上,缺乏一个综合考虑权益比率和负债比率影响因素的动态调整模型。因此,本部分的主要目标在于,在经过 Gatward & Sharpe 拓展后的 Koyck 模型基础上,考虑上市银行的特殊性,并控制宏观经济因素的时间特征效应,建立一个解释上市银行如何调整到他们最优资本结构的模型。我们特别关注三点:

（1）不同上市银行的调整成本是不一样的，因而调整速度也不同，引入可变调整速度假设后的资本结构动态调整模型会发生怎样的变化？

（2）8%的资本充足率管制以及可作为二级资本的次级债务等怎样与上市银行的资本结构联系起来？

（3）对于那些可观察和不可观察的宏观经济因素，如何在模型中控制这些时间特征效应？

## 5.1 理论假设与模型设定

### 5.1.1 基本假定

我们首先假定一个典型意义上的银行，都受到国家强加的资本管制，管制的内容就是商业银行的核心资本充足率必须达到 4% 以上，全部资本充足率必须达到 8% 以上，否则，商业银行将会被接管或破产；由于各个银行资本结构调整成本不同，各银行向其资本结构的调整速度并不相同；银行资本结构的调整还受到宏观经济因素的影响。另外，如前所述，在以往研究中，一般只用负债比率来考察公司资本结构，这种做法将使基于同一样本的回归结果存在差异，以至于无法准确把握公司资本结构及其动态调整过程。因此，本文假定上市银行所有者权益和负债比率的影响因素之间存在交互调整关系。

### 5.1.2 基本模型设定

由于银行具有很强的外部性，政府监管当局强制要求银行的资本充足率必须不低于其规定的最低水平。这种情况下，商业银行将在满足最低资本充足率要求的基础上选择资本结构。近年来，各银行资本充足率增长较快。根据已经披露的上市银行 2007 年报，招行、民生、浦发、华夏的资本充足率分别达到 10.67%、10.63%、9.15% 和 8.27%，不过深发展却只有 5.77%。初看起来，深圳发展银行资本充足率差距很大，但仔细分析其资本结构，发现它的核心资本率并不低（5.77%），甚至超过了浦发（5.01%）和华夏（4.3%），而它的附属资本与核心资本的比率仅为 0.008%（浦发和华夏的这一比率分别为 83.7%、92.2%）。可见，在中国加入 WTO 以后，在国家对银行资本管制越来越刚性的条件下，一种债务能够作为附属资本已变得越来越重要，因为这是提高资本充足率一个重要渠道。所以就银行的债务结构来说，一种债务是否可作为附属资本的重要性已经远远超过这种债务是长期还是短期的区分。因此，在本部分的模型中，我们将上市银行的债务划分为可作为资本的负债和不可作为资本的负债。

考察资本结构动态调整的经典模型是 Koyck 模型。该模型经过 Gatward & Sharpe 拓展后形成了一个方程系统，以同时考察权益比率和负债比率的动态调整。本部分对上市银行资本结构动态调整的探讨即在该模型的基础上进行。我们设定代表性上市银行 i，t 时期末整个资产为 $TA_{it}$，所有者权益的数量为 $E_{it}$，可作为资本的负债为 $KD_{it}$，不可作为资本的债务为 $NKD_{it}$，于是：

$$YE_{it} + YK_{it} + YNK_{it} = 1 \quad (5-1)$$

这里，YE 是所有者权益占总资产的比重，YK 代表可作为资本的负债占总资产的比重，YNK 是不可作为资本的债务占总资产的比重。该式意味着在均衡的最优水平上它满足：

$$\Delta YE_{it} + \Delta YK_{it} + \Delta YNK_{it} = 0 \quad (5-2)$$

在方程（5-2）里，由于可作为资本的负债和不可作为资本的负债以及所有者权益之间互相依赖，这两种负债变化会影响所有者权益比率的变化，不可作为资本的债务比率和所有者权益比率的变化也会影响可作为资本的债务比率，所以，构造方程组时只需考虑其中任意两个比率。而在本部分所考察的 5 家中国上市银行中，其不可作为资本的负债占整个负债的 97% 以上，因此，本部分选择所有者权益比率和不可作为资本的负债比率进行考察：

$$\Delta YE_{it} = E\lambda_{is}[(YE_{it}^* - YE_{i,t-1})] + E\lambda_1 \Delta YNK_{it} + E\lambda_2 \Delta YK_{it} \quad (5-3)$$

$$\Delta YNK_{it} = NK\lambda_{is}[(YNK_{it}^* - YNK_{i,t-1})] + NK\lambda_1 \Delta YE_{it} + NK\lambda_2 \Delta YK_{it} \quad (5-4)$$

其中，"*"指的是最优水平。这里 $E\lambda_k$、$NK\lambda_k$（$k=1,2$）为待估参数，而 $E\lambda_{is}$ 和 $NK\lambda_{is}$ 分别为所有者权益和不可作为资本的负债的名义调整速度。从约束式（5-2）可知，影响所有者权益比率变动的因素必然会对两种负债比率变动产生抵消或弥补（offset）的效应，因此，影响最优所有者权益比率的因素应该同样影响最优负债比率；反之亦然。假设银行最优所有者权益比率和最优不可作为资本的负债比率线性依赖于一组普通变量，用 $F_{it}$ 表示。我们认为，尽管银行具有自身的特性，但作为一家公司，影响其资本结构的公司特征因素与一般公司是相似的。通过对以往公司资本结构影响因素研究的考察，选择上市银行的规模、成长性、非债务税盾、盈利性、破产成本、独特性、流通股比例、管理层持股等因素作为影响其资本结构较为重要的因素。

$$YE_{it}^* = E(F_{it}) = E\alpha_0 + \sum_j E\alpha_j F_{jit} \quad (5-5)$$

$$YNK_{it}^* = NK(F_{it}) = NK\alpha_0 + \sum_j NK\alpha_j F_{jit} \quad (5-6)$$

如前所述，银行是一个被高度管制的行业，其资本充足率必须达到一定的标准，否则，它将会被接管甚至破产。因此，有必要引入一个重要的约束条件：银行核心资本充足率必须达到4%以上，全部资本充足率必须达到8%以上。

本文用虚拟变量的方式考虑了这一约束，我们定义：

$$Z_{it} = \begin{cases} 1 & 8\% \leq \text{资本充足率} < 100\% \text{ 且 } 4\% \leq \text{核心资本充足率} < 100\% \\ 0 & \text{其他} \end{cases}$$

$$(5-7)$$

这样，建立新的动态调整模型如下：

$$\Delta YE_{it} = E\lambda_{is}[(YE_{it}^* - YE_{i,t-1}) + E\lambda_1 \Delta YNK_{it} + E\lambda_2 \Delta YK_{it} + E\lambda_3 Z_{it}] \quad (5-8)$$

$$\Delta YNK_{it} = NK\lambda_{is}[(YNK_{it}^* - YNK_{i,t-1}) + NK\lambda_1 \Delta YE_{it} + NK\lambda_2 \Delta YK_{it} + NK\lambda_3 Z_{it}] \quad (5-9)$$

将（5-2）式代入（5-8）（5-9）两式消掉 $\Delta YK$，可得：

$$\Delta YE_{it} = \frac{E\lambda_{is}}{1 + E\lambda_{is} E\lambda_2}(YE_{it}^* - YE_{i,t-1} + (E\lambda_1 - E\lambda_2)\Delta YNK_{it} + E\lambda_3 Z_{it}) \quad (5-10)$$

$$\Delta YNK_{it} = \frac{NK\lambda_{is}}{1 + NK\lambda_{is} NK\lambda_2}(YNK_{it}^* - YNK_{i,t-1} + (NK\lambda_1 - NK\lambda_2)\Delta YE_{it} + NK\lambda_3 Z_{it}) \quad (5-11)$$

令 $\dfrac{E\lambda_{is}}{1 + E\lambda_{is} E\lambda_2} = E\lambda_{is}^*$  $\dfrac{NK\lambda_{is}}{1 + NK\lambda_{is} NK\lambda_2} = NK\lambda_{is}^*$

这里，$E\lambda_{is}^*$、$NK\lambda_{is}^*$ 为实际调整速度。

整理得：

$$\Delta YE_{it} = E\lambda_{is}^*[YE_{it}^* - YE_{i,t-1} + (E\lambda_1 - E\lambda_2)\Delta YNK_{it} + E\lambda_3 Z_{it}] \quad (5-12)$$

$$\Delta YNK_{it} = NK\lambda_{is}^*[YNK_{it}^* - YNK_{i,t-1} + (NK\lambda_1 - NK\lambda_2)\Delta YE_{it} + NK\lambda_3 Z_{it}] \quad (5-13)$$

### 5.1.3 对模型中可变调整速度的进一步分析

资本结构的调整速度，由现存资本结构向其最优资本结构的转换成本决定。参照 HansLoof（2004），我们选取公司规模、成长性两个因素作为调整速率的普遍影响因素。考虑到资本结构调整成本的存在，各银行可能无法在某一期就将资本结构调整到最优值，而只能每期调整一部分，直到收敛于最优资本结构，因此我们构造了一个局部调整模型（Partial Adjustment Model），

假定调整参数的决定方程为如下线性形式：

$$E\lambda_{is}^* = e(G_{is}) = e\beta_0 + \sum_m e\beta_m G_{mis} \tag{5-14}$$

$$NK\lambda_{is}^* = nk(G_{is}) = nk\beta_0 + \sum_m nk\beta_m G_{mis} \tag{5-15}$$

将（5-5）（5-6）（5-14）（5-15）式代入方程组（5-12）和（5-13），考虑到宏观经济因素对上市银行资本结构的影响，再加入时间虚拟变量可得到：

$$\Delta YE_{it} = E\lambda_{is}^* [YE_{it}^* - YE_{i,t-1} + (E\lambda_1 - E\lambda_2)\Delta YNK_{it} + E\lambda_3 Z_{it}] + \sum_t E\gamma_t D_t \tag{5-16}$$

$$\Delta YNK_{it} = NK\lambda_{is}^* [YNK_{it}^* - YNK_{i,t-1} + (NK\lambda_1 - NK\lambda_2)\Delta YE_{it} + NK\lambda_3 Z_{it}] + \sum_t NK\gamma_t D_t \tag{5-17}$$

## 5.2 数据来源、变量定义与估计方法

### 5.2.1 数据来源与变量定义

本部分的数据来自 CSMAR 证券财务年报股票市场研究数据库、锐思数据和招商银行、深圳发展银行、浦发银行、华夏银行及民生银行五家股份制上市银行 2003—2007 年季报、半年报及年报。为了减少样本

损耗（sample attrition）带来的估计偏误，我们对数据进行了剔除处理：凡是当季有个别银行数据缺失的，就剔除所有银行当季全部记录，因此获得了一个开始于2003年第3季度结束于2007年第3季度的季度连续样本。从搜集的数据来看，资本充足率只有年度记录和月度平均数记录，没有各季度记录。故对数据进行了如下处理：如果年末记录与月平均记录一致，则该年四季记录都一致；如果年末记录与月平均记录不一致，则第4季度为年末记录，其他3个季度的记录则为月平均记录（样本描述请见附录2）。有关变量定义如表5-1：

表5-1 上市银行资本结构动态调整的实证分析之变量定义一览表

| 变量性质 | 变量名称 | 符号 | 变量定义 |
| --- | --- | --- | --- |
| 被解释变量 | | | |
| 资本结构变量 | 权益比率 | YE | 所有者权益/总资产 |
| | 不可作为资本负债比率 | YNK | 不可作附属资本D负债/总资产 |
| 解释变量 | | | |
| 最优资本结构影响变量 | 破产成本 | IF | EBIT的标准差/总资产 |
| | 非债务税盾 | NDTS | 季折旧额/总资产 |
| | 盈利能力 | PROF | EBIT/总资产 |
| | 股权集中度 | TOP5 | 前五大股东持股数/总股本 |
| | 股东性质 | STATECTROL | 国家法人持股/总股本 |
| | 管理层持股 | MBR | 董事，监事及高管持股/总股本 |
| | 银行规模 | SIZE | 总资产的LOG数 |
| | 成长率 | GROW | 两期营业收入的增长率 |
| 影响调整速度的变量 | 银行规模 | SIZE | 总资产（或营业收入）的LOG数 |
| | 成长率 | GROW | 两期营业收入的增长率 |

续表

| 变量性质 | 变量名称 | 符号 | 变量定义 |
|---|---|---|---|
| 虚拟变量 | 资本充足率条件 | CAPQ | 核心资本充足率4%以上和全部资本充足率8%以上为1,其他为0 |
| | 时间变量 | Dt(t=2004, 2005, 2006, 2007) | 以2003年为对照期,2004—2007年各年当年为1,其他为0 |

表 5-2　样本主要变量的描述性统计

| 变量 | 观测值数 | 均值 | 标准差 | 最小值 | 最大值 |
|---|---|---|---|---|---|
| 被解释变量 | | | | | |
| YE | 85 | 0.03138000 | 0.0086396 | 0.0196648 | 0.0590519 |
| YNK | 84 | 0.96047560 | 0.0114467 | 0.9338148 | 0.9803352 |
| YK | 85 | 0.00823100 | 0.0074131 | 0 | 0.0273830 |
| 解释变量 | | | | | |
| IF | 80 | 0.0023901 | 0.0011773 | 0 | 0.0067995 |
| NDTS | 81 | 0.0033684 | 0.0023381 | 0 | 0.0071856 |
| PROF | 80 | 0.0065357 | 0.0014776 | 0.0033316 | 0.0109442 |
| TOP5 | 80 | 0.1297348 | 0.0569094 | 0.0590000 | 0.2357300 |
| STATECTROL | 80 | 0.3898945 | 0.2216993 | 0.0644406 | 0.7399505 |
| MBR | 78 | 0.0000365 | 0.0001074 | 0 | 0.0004085 |
| SIZE | 85 | 1.5118960 | 0.4346869 | 0.9971805 | 2.7542680 |
| GROW | 78 | 0.0548362 | 0.0459822 | -0.0470518 | 0.2304516 |
| CAPQ | 70 | 0.6571429 | 0.4780914 | 0 | 1.0000000 |
| 工具变量 | | | | | |
| STAFF | 85 | 1.303068 | 0.4346066 | 1.000000 | 3.3692400 |

### 5.2.2 估计方法

在估计中存在一个难题，即待估非线性 SUR 方程的结构参数无法估计。解决方案有两种，其一是对目标方程（5-16）（5-17）中非线性部分的具体函数形式进行设定，比如将其设成指数形式或对数形式；其二则是将目标方程中的非线性部分进行 Taylor 展开成线性形式。其中，第一种方案的函数形式设定具有较大的随意性，所设定的函数形式一般很难确切地反映经济现实，因此不是很理想。而第二种方法既保留了对模型非线性设定的考察，又没有改变原有模型的统计结构，同时也相对易于估计。故通过在变量的均值处将目标方程的非线性部分进行一阶 Taylor 展开，目标方程系统最终为如下形式[①]：

$$YE_{it} = E\alpha_0 + \sum_j E\alpha_j F_{jit} + a_0 \Delta YE_{it} + a_1 G_{1is} \Delta YE_{it} + a_2 G_{2is} \Delta YE_{it} +$$
$$a_3 G_{1is}^2 \Delta YE_{it} + a_4 G_{2is}^2 \Delta YE_{it} + a_5 G_{1is} G_{2is} \Delta YE_{it} + (E\lambda_1 - E\lambda_2) \Delta YNK_{it}$$
$$+ E\lambda_3 Z_{it} + \sum_t E\gamma_t D \quad (5-18)$$

$$YNK_{it} = NK\alpha_0 + \sum_j NK\alpha_j F_{jit} + b_0 \Delta YNK_{it} + b_1 G_{1is} \Delta YNK_{it} + b_2 G_{2is} \Delta YNK_{it}$$
$$+ b_3 G_{1is}^2 \Delta YNK_{it} + b_4 G_{2is}^2 \Delta YNK_{it} + b_5 G_{1is} G_{2is} \Delta YNK_{it} + (NK\lambda_1 -$$
$$NK\lambda_2) \Delta YE_{it} + NK\lambda_3 Z_{it} + \sum_t NK\gamma_t D \quad (5-19)$$

---

① 详细推导见附录 1。

## 5.3 计量回归分析

### 5.3.1 模型回归结果的总体分析

资本结构动态调整模型估计中可能会遇到棘手的内生性问题。如 Wooldridge（2002）认为，有三种原因会导致模型产生内生性：其一是遗漏变量，其二是测量误差，其三是解释变量与被解释变量之间的相随相生性（simultaneity）。关于遗漏变量的检验，我们在模型现有变量的基础上又加入了"市场择时变量""有形资产比率"及"独特性"3个变量进行回归，两个模型回归结果的豪斯曼检验（hausman test）卡方值为 0.94，在 1% 的显著性水平下没有显著差异。可见，不存在遗漏变量问题。至于测量误差，考虑到我们所选用的变量定义明确，各数据经过处理后都建立在统一的统计口径基础上，不存在明显的测量误差嫌疑，因此，本部分重点考虑解释变量与被解释变量之间的相随相生性（simultaneity）。从模型的解释变量来看，银行规模变量和成长性变量与资本结构之间存在相随相生的可能。因为银行规模扩大或者成长性提高有助于优化其资本结构，反过来优化后的银行资本结构又会有效降低资本成本，提高银行的效率，最终扩大银行规模并导致更高的成长性。因此，我们专门对这两个变量进行内生性检验。首先，选用"银行职工人数"以及初始模型中原有外生变量作为银行规模的工具进行了豪斯曼内生性检验。从第一阶段回归得出的残差（简称"银行规模残差"）连同银行规模变量本身放入 SUR 方程后，该银行规模残差在权益比率方程与不可作为资本负债方程中的 t 值分别为 -0.581 和 3.760，银行规模在不可作为资本的负债方程中存在严重内生性问题。因此，选择"银行职工人数"作为"银行规模"的工具变量，相应地，还把模型中涉及银行规模的 6 个交互变量中的"银行规模"分别用"银行职工人数"进行替换，进行两阶段最小二乘回归（见表 5-3）。

表 5-3 中国上市银行资本结构动态调整的混合 OLS 估计结果表

| 模型 | (1) | | (2) | |
|---|---|---|---|---|
| 变量 | YE | YNK | YE | YNK |
| 参数 | b (se) | b (se) | b (se) | b (se) |
| 截距项 | | | | |
| C | 0.0049 (0.0045) | 0.996*** (0.0060) | 0.00261 (0.0061) | 1.008*** (0.0072) |
| 最优资本结构决定变量 | | | | |
| IF | -1.750** (0.873) | 0.530 (1.193) | -2.096** (1.037) | 1.752 (1.205) |
| NDTS | 1.311*** (0.433) | -0.800 (0.537) | 1.387*** (0.492) | -1.247** (0.533) |
| PROF | 0.910** (0.426) | -0.956* (0.539) | 0.775 (0.565) | -0.229 (0.583) |
| TOP5 | 0.0004 (0.0120) | 0.0189 (0.0152) | -0.00045 (0.0138) | 0.0322** (0.0153) |
| STATECTROL | 0.0178*** (0.0049) | -0.0137** (0.0059) | 0.0145** (0.0067) | -0.0058 (0.0063) |
| MBR | -22.29*** (6.477) | 26.82*** (8.041) | -29.22*** (10.57) | 47.36*** (9.934) |
| SIZE | 0.0144*** (0.0041) | -0.0218*** (0.0052) | | |
| SIZE※ | | | 0.0225** (0.0098) | -0.0490*** (0.0100) |
| GROW | -0.0481** (0.0203) | 0.0274 (0.0228) | -0.0804 (0.0530) | 0.0890*** (0.0278) |
| 调整变量 | | | | |
| △YE | 7.877 (5.877) | 0.159 (0.372) | 16.31 (24.21) | 0.800* (0.407) |
| △YNK | 0.0456 (0.0736) | 0.204 (2.476) | 0.0564 (0.0825) | 3.918 (3.090) |
| 资本管制变量 | | | | |
| CAPQ | 0.0002 (0.0014) | -0.0048** (0.0018) | -0.0016 (0.0024) | 0.0008 (0.0026) |
| 时间虚拟变量 | | | | |
| D2004 | -0.0022 (0.0023) | 0.0035 (0.0030) | -0.0039 (0.0027) | 0.0060* (0.0031) |
| D2005 | -0.0087*** (0.0026) | 0.0104*** (0.0034) | -0.0122*** (0.0042) | 0.0189*** (0.0040) |
| D2006 | -0.0097** (0.0038) | 0.0139*** (0.0049) | -0.0155*** (0.0067) | 0.0289*** (0.0065) |
| D2007 | Dropped | Dropped | Dropped | Dropped |
| 观测值 | 63 | 63 | 63 | 63 |
| 拟合优度 | 0.785 | 0.849 | 0.737 | 0.861 |
| Breusch-Pagan 独立性检验 | chi2 (1) = 16.16 | | chi2 (1) =20.92 | |

注：(1) 表中模型（1）为初始模型，模型（2）为工具变量回归。

(2) 以上回归的显著性规定为：*** p<0.01，** p<0.05，* p<0.1。

(3) dropped 为缺省值：由于2007年的数据只有3个季度的记录，而其他各年都有4个完整季度的记录，数据的不匹配使得2007年虚拟变量参数无法估计，故设为缺省值，下同。

从模型（2）的工具变量回归结果来看，我们选择的"银行职工人数"工具变量表现良好（well behaved）。首先，参数估计结果基本与我们的预期相符。一方面，权益比率方程与债务比率方程各自解释变量的参数符号正好相反，呈替代关系，这和权益比率与负债比率之间固有的替代关系相符合；另一方面，绝大部分变量都比较显著，显著性水平基本为1%。从两个模型的拟合优度来看，虽然权益比率方程的拟合优度较之初始模型有所下降，但不可作为负债比率方程的拟合优度却明显提高，这正好说明经过工具变量校正后，模型的总体拟合优度在两个方程之间发生了重新配置，整个SUR方程组变得更加合乎我们的预期。

我们又在工具变量回归的基础上进行了关于成长性的内生性检验。本部分选用"职工人数增长率"作为成长性的工具进行豪斯曼内生性检验，发现从第一阶段回归得出的残差（简称成长性残差）连同成长性变量本身放入SUR方程后，该成长性残差在权益比率方程与不可作为资本负债方程中的t值分别为0.977和0.0274，都不显著。可见，成长性并不存在明显的内生性问题。除了内生性问题之外，从Breusch-Pagan独立性检验值来看，两个模型的卡方值分别为16.16和20.92，在1%的显著性水平下远远大于相应的临界值①，这说明方程系统中残差项之间的确存在相关性。我们所使用的SUR模型是合适的，它能显著

---

① 查卡方分布表可知：自由度为1，且在1%的显著性水平下的临界值为6.635，在10%的显著性水平下的临界值为2.706。

提高模型估计的效率。最后，模型中非线性项的显著性也证明了 Gatward & Sharppe 模型的不变调整速度设定并不符合中国上市银行的实际，中国商业银行资本结构动态调整的速度是不断变化的。

### 5.3.2 参数估计结果的分析

（1）资本结构动态调整的交互性分析

在本模型中，我们将负债比率与权益比率建立联立方程来综合考虑上市银行的资本结构，而非只考虑其负债比率。此模型的主要特点是任何一个被解释变量向其最优值的调整速度不仅依赖于该变量与其最优值的偏离度，还依赖于其他相关变量发生的变化。我们将这种影响定义为交互调整影响。表5-3第（4）栏中经过调整内生性后的回归结果表明，交互调整系数 $nk\lambda_1 - nk\lambda_2$ 的联合测试在10%的水平上显著。在未报告的所有者权益与可作为资本的负债回归结果中，交互调整系数的联合测试也在5%的水平上显著。这表明中国上市银行的权益比率与负债比率决定机制彼此互相依赖，为相互关联调整的模型和假定权益和负债是相关的论点提供了支持。

（2）影响最优资本结构的长期因素分析

表5-3第（3）（4）栏中经过调整内生性后的回归结果可以看出，在2003—2007年的样本期间：

①非债务税盾与上市银行的权益比率正相关，与其不可作为资本的负债比率负相关，其显著性水平分别为1%和5%。说明非债务税盾越高，上市银行负债水平越低，非债务税盾显著地替代债务的利息费用，发挥了抵减上市银行税收的作用，与 Bradley 等人（1984）以及 Wald（1999）的实证研究结果一致。

②管理层持股比例与上市银行的权益比率负相关，与其不可作为资

本的负债比率正相关，且显著性水平均达到了1%。事实上，基于长期以来国家对银行的隐性担保，银行的债权人——存款人并不担心其存款的安全，中国老百姓在存款选择上大部分是方便原则，很少关注银行实际情况。也正是由于这种隐性担保，上市银行管理者并不担心负债的增加会导致银行的破产，反而可以通过提高负债水平来增加其股份和增加每股收益。这与 Harris 和 Raviv（1988）的解释是一致的。

③银行规模与上市银行的权益比率正相关，与不可作为资本的负债比率负相关，且显著性水平分别为5%和1%。说明中国的银行规模扩张并不必然增加其负债水平，因为上市大银行较小银行的信息不对称程度更低，因此它们会更倾向于选择权益融资而不是债务融资，这与 Rajan 和 Zingales（1995）的结论相符。

④破产成本与上市银行的权益比率负相关，国有股比例与上市银行的权益比率正相关，显著性水平均为5%，但它们对负债水平的影响却并不显著。原因是中国上市银行收益波动性越大，失去配股资格的可能性也越大，对债务融资的依赖性增强，其权益比率就越低。国有股比例与上市银行的权益比率正相关，说明在国有股占比较小的上市银行中，更有动力通过吸收存款等负债方式来融资。另一方面，破产成本、国有股比例与上市银行不可作为资本的负债比率的不显著关系，说明中国上市银行不可作为资本的负债特别是存款的发生有其相对独立性，它更多地受到外部宏观经济因素的影响。

⑤成长性、前五大股东持股比例与上市银行不可作为资本的负债比率均显著正相关，其显著性水平分别为1%和5%。这表明，成长性强的上市银行往往有着良好的未来前景，因而通常不愿过多地发行新股，以免分散老股东控制权和稀释每股收益。这与肖作平（2004）对公司的实证分析结果一致。

⑥在股权集中度较高的上市银行,其负债水平更高。说明对中国上市银行而言,由于缺乏有效的外部经理人市场,经理者通常由大股东委派,因此,容易使经理人的决策以大股东的利益为出发点,管理者可能通过自己的经营权为大股东输送现金,损害其他股东的利益。如果银行的股权集中,大股东希望通过股利以外的其他途径获得投资回报,在中国上市银行,大股东由于国家隐性担保并不担心上市银行的破产问题,所以,使用既没有还债压力又不会稀释股权份额的债务融资是其获取资金的最好选择。这与 Jensen 和 Meekling(1976)、Bathala 等人(1994)、Keasey 和 Duxbury(2002)的实证研究结果一致。

(3) 资本管制因素分析

从表 5-3 第(3)(4)栏中经过调整内生性后的回归结果来看,上市银行资本充足率约束与其资本结构的相关程度并不显著,说明资本充足率对中国上市银行来说不具备可置信威胁。在对影响资本结构长期因素分析中我们发现,由于上市银行权益比率融资的渠道除增加盈利外,基本只有配股这一渠道,而配股还受到一些条件的制约,管理者并不担心银行破产,扩大银行存款规模往往成为其首要考虑的融资方式,导致资本充足率管制效果不理想。

(4) 时间虚拟变量分析

对资本结构影响因素的实证研究,必须控制如由于利息率、通货膨胀和经济周期等可观察和不可观察的宏观经济因素导致的时间特征效应,因此,本模型还考虑了时间特征变量的影响。结论显示,时间特征因素非常显著。可见,宏观因素确实对上市银行的资本结构有着非常重要的影响。可见,在经济环境不断发生变化,利率逐渐放开的将来,具体研究宏观因素对上市银行影响资本结构的影响显得非常重要和必要。

## 5.4 稳健性检验

我们将从两个方面对上述计量结果进行稳健性检验。首先，我们用类似变量代替原模型中的变量进行了检验。在上市银行中，第一大股东的占比往往具有重要意义，因为第一大股东的占比越高，对银行的资本结构决定影响越大。因此，我们将模型中的前五大股东的占比（即变量"top5"）替换成第一大股东持股数与总股本的比值（即变量"top1"），从表 5-4 第 3、第 4 列可以看到，我们的结果在性质上与假设相似，且其他解释变量的系数符号大多数未发生改变，尤其是我们的核心假定"权益方程与负债方程在资本结构调整过程中的相互作用项（interaction adjustment）"权益差分"在不可作为资本负债方程中显著性水平没有降低"，这充分体现了模型的稳健性。

表 5-4　　上市银行资本结构动态调整稳健性检验表

| 模型 | (1) | | (2) | | (3) | |
|---|---|---|---|---|---|---|
| 变量 | ye | ynonk | ye | ynonk | ye | ynonk |
| 参数 | b　(se) | b　(se) | b　(se) | b　(se) | b　(se) | b　(se) |
| 截距项 | | | | | | |
| C | 0.0026 (0.0061) | 1.008*** (0.0072) | 0.0011 (0.0063) | 1.006*** (0.008) | 0.0032 (0.0071) | 1.016*** (0.0076) |
| 最优资本结构决定变量 | | | | | | |
| IF | -2.096** (1.037) | 1.752 (1.205) | -1.915* (0.973) | 0.760 (1.129) | -1.362 (1.175) | 1.982 (1.199) |

续表1

| 模型 | (1) | | (2) | | (3) | |
|---|---|---|---|---|---|---|
| 变量 | ye | ynonk | ye | ynonk | ye | ynonk |
| 参数 | b (se) | b (se) | b (se) | b (se) | b (se) | b (se) |
| 最优资本结构决定变量 | | | | | | |
| NDTS | 1.387*** (0.492) | -1.247** (0.533) | 1.167** (0.510) | 0.0182 (0.577) | 1.521*** (0.557) | -1.063* (0.540) |
| PROF | 0.775 (0.565) | -0.229 (0.583) | 0.932* (0.547) | -0.789 (0.576) | 1.132* (0.616) | -0.162 (0.567) |
| TOP5 | -0.0005 (0.0138) | 0.0322** (0.0153) | | | -0.0014 (0.0154) | 0.0363** (0.0149) |
| TOP1 | | | 0.0047 (0.0127) | -0.0161 (0.0147) | | |
| STATECTROL | 0.0145** (0.0067) | -0.0058 (0.0063) | 0.0119 (0.0075) | 0.00417 (0.008) | 0.0184** (0.008) | -0.0080 (0.0062) |
| MBR | -29.22*** (10.57) | 47.36*** (9.934) | -29.26*** (9.935) | 41.72*** (9.692) | -21.66* (11.76) | 46.19*** (9.520) |
| SIZE※ | 0.0225** (0.0098) | -0.049*** (0.01) | 0.023** (0.0097) | -0.042*** (0.011) | 0.0166 (0.0102) | -0.051*** (0.009) |
| GROW | -0.0804 (0.053) | 0.089*** (0.028) | -0.0768 (0.0504) | 0.0679** (0.029) | -0.0833 (0.0582) | 0.105*** (0.026) |
| INRESCE | | | | | -0.0332 (0.0678) | -0.112 (0.0712) |
| UNIQ | | | | | 0.0063 (0.0123) | 0.0004 (0.012) |
| M/B | | | | | 0.0167 (0.0198) | -0.0310 (0.0196) |
| ASTSTRCT | | | | | -0.244 (0.279) | -0.437* (0.262) |

续表 2

| 模型 | (1) | | (2) | | (3) | |
|---|---|---|---|---|---|---|
| 变量 | ye | ynonk | ye | ynonk | ye | ynonk |
| 参数 | b (se) | b (se) | b (se) | b (se) | b (se) | b (se) |
| 调整变量 | | | | | | |
| △YE | 16.31 (24.21) | 0.800* (0.407) | 13.69 (23.54) | 1.031** (0.465) | 24.96 (28.18) | 0.715* (0.373) |
| △YNK | 0.0564 (0.0825) | 3.918 (3.090) | 0.0552 (0.0804) | 2.625 (3.184) | 0.0752 (0.0891) | 6.169* (3.276) |
| 资本管制变量 | | | | | | |
| CAPQ | −0.0016 (0.0024) | 0.0008 (0.0026) | −0.002 (0.0024) | 0.0010 (0.0027) | −0.0005 (0.003) | 0.0004 (0.0024) |
| 时间虚拟变量 | | | | | | |
| D2004 | −0.0039 (0.0027) | 0.006* (0.0031) | −0.0039 (0.0026) | 0.0064** (0.003) | −0.0040 (0.003) | 0.0049* (0.003) |
| D2005 | −0.012*** (0.004) | 0.019*** (0.004) | −0.012*** (0.004) | 0.018*** (0.0043) | −0.01** (0.005) | 0.017*** (0.0038) |
| D2006 | −0.016** (0.007) | 0.03*** (0.007) | −0.016** (0.007) | 0.03*** (0.007) | −0.012 (0.008) | 0.028*** (0.006) |
| D2007 | dropped | dropped | dropped | dropped | dropped | dropped |
| 观测值 | 63 | 63 | 62 | 62 | 61 | 61 |
| 拟合优度 | 0.737 | 0.861 | 0.664 | 0.845 | 0.749 | 0.886 |

注：表中模型（1）为初始工具变量 2SLS 回归；

模型（2）为把前五大股东占比变量替换成第 1 大股东占比变量的模型；

模型（3）为新增了"银行内部产生资源的能力""独特性""择时变量"及"银行资产构成"4 个变量后的模型。

其次，我们新增加一些变量到原模型中对模型进行稳健性检验。我们新增了银行"内部产生资源的能力""独特性""择时变量"及"银行资产构成"4个变量进行回归,从表 5-7 第 5 列,第 6 列可知,回归结果仍然很稳定,无论是系数符号还是显著性水平都没有发生明显变化。而新加入变量也基本不显著,虽然"资产构成"变量在 10% 的显著性水平下显著,但其在权益方程与负债方程中的符号相同。可见,该变量在模型中是冗余的。

总之,上述稳健性检验结果表明,模型回归结果非常稳健,可信度较高。

## 5.5 本章结论与政策建议

目前,全球所面临的金融风险迫切需要对商业银行资本结构的动态调整进行研究。然而,国内外关于资本结构动态调整的现有研究通常不考虑金融企业,在资本结构指标的选择上,也只单一地考虑了企业的负债比率,从而导致同一样本在不同负债比率指标下的回归结果存在较大差异。本部分首次在中国中小上市银行的资本结构研究中,同时考察了权益和负债比率的动态调整问题,并得出如下几个结论:

(1) 模型中权益比率与负债比率的相互调整系数联合测试的显著性,表明中国中小上市银行权益比率与可作为资本负债比率、不可作为资本的负债之决定机制互相依赖。说明我们在考虑商业银行融资决策时,不仅要考虑其对权益比率和整个负债比率的交互影响,还必须考虑这种负债能否作为银行的附属资本,这是商业银行资本结构的一个重要特点。在严格资本管制和我国商业银行可作为资本负债仍为数不多的情况下,一种负债能否作为资本将会越来越重要(目前可作为资本的负债在5%的显著性水平上与其他比率交互影响），我们需要进一步关注和研究商业银行可作为附属资本的负债问题。

（2）在中小上市银行资本结构的长期影响因素中，银行规模、管理层持股都表现非常显著。其中，银行规模与上市银行的权益比率正相关，与负债比率负相关，而管理层持股比例与上市银行的权益比率负相关，与其负债比率正相关，说明上市银行规模的扩张并不必然增加其负债水平，反而是管理层持股比例越大，为了获得较多的持股收益，他们有不断扩张负债也就是吸收存款的冲动；而且破产成本与上市银行的权益比率显著负相关，说明上市银行风险越大，越倾向于债务融资；在股权集中度较高的上市银行，经理人的决策以大股东的利益为出发点，但大股东由于国家隐性担保却并不担心上市银行的破产问题，所以，使用既没有还债压力又不会稀释起股权份额的债务融资是其获取资金的最好选择。其主要原因是中国上市银行有着国家的隐性担保。因此，下一步应该建立存款保险制度，并实施与各银行风险相一致的存款保险费率是很有必要的。

（3）在分析上市银行资本结构动态调整的宏观经济因素上，我们只选择了时间量 $D_{it}$，而没有像 Alan. Mareus（1983）那样分析利率等宏观因素影响，主要是考虑中国现在实施利率管制，分析其影响意义不大，但实证结果显示，时间特征因素非常显著。可见，宏观因素确实对上市银行的资本结构有着非常重要的影响。另一方面，破产成本等与上市银行负债比率的不显著关系，说明中国上市银行的负债特别是存款的发生有其相对独立性，它更多地受到外部宏观经济因素的影响。因此，在经济环境不断发生变化、利率逐渐放开的将来，进一步具体研究宏观因素对上市银行存款规律的影响显得非常必要。

（4）在上市银行资本结构的动态调整模型中，我们发现上市银行规模是一个内生性变量,通过引入"上市银行职工人数"这一工具变量,较好地解决该变量的内生性问题。

对于大部分的资本结构研究来说,遇到的一个困难都是影响资本结构因素代理变量以及样本的选择问题。在样本选择上,我们只选择了 5 家股份制上市银行,而四大国有商业银行已经上市筹这四大行将成为中国上市银行的主体,但国家控股上市银行有自己的独特性,因此,我们的计算结果将对股权进一步分散化后的国有上市银行资本结构优化更有参考意义。另外,我们样本选择的基本是中国股市上涨期间的数据,至于股市下跌通道的中国上市银行资本结构的变化,还需要进一步研究。

# 第 6 章
# 结论及进一步研究建议

## 6.1 基本结论

本书遵循理论与实践相结合的原则,在充分消化和大量借鉴国内外研究成果的基础上,对中国上市银行的资本结构、绩效、影响因素和动态调整进行了比较全面的专门研究。在中国商业银行纷纷上市、银行融资结构由传统的负债经营模式转变为股权融资和债务融资相结合的大背景下,如何优化银行资本结构、提高银行绩效就成为各银行重要的课题。另外,逆周期宏观审慎监管的提出,将使商业银行本身以及监管者不得不面对商业银行资本结构调整问题。因此,针对我国银行业的现实情况,本报告从中国上市银行资本结构特征出发,关注点聚焦于"三性"原则下中国上市银行资本结构与绩效的关系,对中国上市银行资本结构的决定因素及其动态调整机制进行了实证研究,其中重点关注大型国有上市银行与中小股份制银行的差别,并得出以下主要结论:

### 6.1.1 对商业银行资本结构的研究,是我国银行业实现稳健经营,持续发展的重要课题

这是面对中国金融市场全面开放、中外银行业竞争日益激烈的历史背景及金融运行本身存在的顺周期的内在反馈作用下所得出的结论。银行的资本结构优化,不仅有利于增强银行的抗风险能力与盈利能力,提高商业银行的综合绩效,而且由于银行在经济中的特殊地位,还会对一国的经济产生重大影响,促进该国经济的发展。

### 6.1.2 商业银行国有股占比大能促进银行绩效的提高

一般认为，在国有股为大股东的企业，国家股由于其自身的委托代理链过长，所有者"虚置"问题比较严重，个人股东在资金实力和管理能力上都存在着局限，会出现内部人控制等问题，所以必然会效率低下，因此需要去"国有化"。然而，2008年金融危机中，各国向银行"注资"的行动说明了国家资本在银行的重要性。在第3章的实证研究运行结果中，由股东性质在1%的水平上与绩效显著正相关可知，国有性质对银行绩效具有积极的影响作用。这是在考虑了国家为银行上市后所引进的国外战略投资者、先进管理经验和融资新渠道后所得出的结论。

另一方面，公司治理绩效和股权集中度之间的关系一般说来是服从马蹄形分布的，公司治理绩效先是随着股权的集中而加大，当股权集中度超过最优点时，公司治理绩效随着股权集中度的加大而减少。从第2章对我国商业银行股权结构的考察也可以看出，我国股份制中小银行股权集中度呈逐步上升趋势，而大型国有银行股权集中度呈逐步下降趋势。由此可以说明，我国上市银行的股权集中度处于最优点以下。所以，为了达到资本结构促进银行治理绩效的目的，中小商业银行应继续加大股权集中度，而国有商业银行则相反，但并不是无限降低，国有银行国有股占比的慢慢降低正说明了这一点。

因此，在下一步的商业银行改革中，有必要纠正"国有控股"是国有商业银行效率低下的"原罪"这个错误的观念。国有上市银行下一步的改革重点，不应该纠缠于国有股应该占多大比例、如何去"国有化"等产权改革问题，而应该根据市场需要，优化资本结构，完善公司治理机制，促进国有上市银行绩效的提高。

### 6.1.3 提高资本充足率，不仅是为了应付资本管制下的最低资本充足率要求，更是影响商业银行绩效的重要因素，因此应成为商业银行公司治理的重要内容

本书在考虑了商业银行"三性"原则下，运用主成分分析法获得一个综合指标来考察银行绩效，得出资本充足率与银行绩效在1%水平上显著相关且系数较高。商业银行核心资本充足率与附属资本充足率的提高，不仅仅是为了满足银行监管的要求，更能提高商业银行的综合绩效。作为商业银行本身，应该努力完善公司治理，多发展风险权重较小的中间业务，积极进行金融业务创新，开辟融资新渠道，提高自身盈利能力，从而增加自身的核心资本。同时，在银行业务发展过程中，调整好自身资本结构，促进自身绩效的提高。作为政府，应该尽快完善资本市场，促进商业银行融资的顺利实现。健全法律法规体系，使投资者权益的保护有法可依，同时还要加强执法力度，对上市银行违背市场法规对投资者造成的损害行为进行惩罚，目前，商业银行的附属资本比率与国际商业银行相比较低，因此，政府应尽快出台次级债相关法律和制度，促进债券市场特别是次级债市场的发展。

### 6.1.4 商业银行规模越大越不利于综合绩效的提高

这是银行规模与绩效在1%的水平上与其绩效显著负相关得出的结论，也就是说，小规模银行具有绩效上的优势，因此大力发展各地中小商业银行，促进它们按照市场的要求来完善包括资本结构调整在内的自身治理结构是正确的选择。国家应该出台相关政策或法律，促进中小银行的发展。目前，一部分民间资金进入楼市和股市，干扰了国家的宏观

调控，国家虽然鼓励民间资金进入金融领域特别是农村金融领域，但目前尚缺乏详细的实施细则，因此，有必要尽快出台相应细则，引导民间资金投向中小金融机构。

### 6.1.5 最低资本充足率要求、一般公司资本结构因素以及宏观经济因素均是决定商业银行资本结构的重要因素

这是本书运用14家上市银行数据，首次结合资本结构的标准决定因素及最低资本充足率管制要求两方面对中国上市银行资本结构影响因素进行了实证分析得出的结论。进一步考察发现，当我们控制最低资本要求变量后，资本结构的标准决定因素总的重要性并没有改变。另外，宏观经济因素——GDP增长率与商业银行的资本结构显著正相关，这可能与国内居民的储蓄偏好有关。因此，从微观层面讲，商业银行应该加强自身公司治理机制的完善，按照"三性"原则调整与优化自身资本结构。另外，也要关注宏观经济的变化，从而将自身资本结构调整到最优水平。从宏观层面看，国家要审慎制定资本充足率要求，按照新巴塞尔协议修正要求，确定合适的有利于逆周期监管的资本充足率，促进商业银行风险的防范。另外，由于附属资本充足率也显著影响商业银行资本结构，所以国家除完善商业银行资本市场融资政策外，还需要积极促进银行次级债市场的发展。

### 6.1.6 本书第5章首次同时考察了权益和负债比率的中小上市银行的资本结构动态调整问题

结果表明，中国中小上市银行权益比率与可作为资本负债比率、不可作为资本的负债之决定机制互相依赖。

这说明我们在考虑商业银行融资决策时，不仅要考虑其对权益比率

和整个负债比率的交互影响,还必须考虑这种负债能否作为银行的附属资本,这是商业银行资本结构的一个重要特点。在严格资本管制和我国商业银行可作为资本负债仍为数不多的情况下,一种负债能否作为资本将会越来越重要(目前可作为资本的负债在5%的显著性水平上与其他比率交互影响),我们需要进一步关注和研究商业银行可作为附属资本的负债问题。另外,在分析上市银行资本结构动态调整的宏观经济因素上,时间特征因素非常显著。可见,宏观经济环境、政策环境及资本市场的不完善等因素都会对上市银行资本结构调整行为产生重要影响。因此,我国商业银行的资本结构优化不是一个单纯的技术上的资本补充问题,而是必须针对转轨经济的制度环境和银行的内部制度结构,遵循商业银行发展的目标,从商业银行内部制度设计、外部制度环境和技术创新的多层面着手,建立起基于市场力量驱动的资本结构管理机制,不断增强银行的抗风险能力和国际竞争力,使商业银行真正成为资本充足、内控严密、运营安全、服务和效益良好的现代金融企业。

## 6.2 本书不足与下一步研究建议

由于我国银行上市时间不长,给实证研究带来了很大的困难,因此也无法进一步深入按各类商业银行(比如按大型国有银行、中小型股份制银行、城市商业银行、农村商业银行)来分析其资本结构的特征与差别,从而也为我国商业银行资本结构的完善与监管提供有差别化的建议。

另外,从金融运行本身的特点看,存在着顺周期的内在反馈作用,金融机构和经济主体会在经济增长高涨期低估金融风险，从而使微观层面的风险不断积累形成金融泡沫，最后在经济周期下降阶段来临时破灭导致金融危机的爆发。《巴塞尔协议 III》规定：截至 2015 年 1 月，全球各商业银行的一级资本充足率下限将从现行的 4% 上调至 6%，由普通股构成的"核心"一级资本占银行风险资产的下限将从现行的 2% 提高至 4.5%。此外，各家银行应该设立"资本防护缓冲资金"，总额不得低于银行风险资产的 2.5%。我国"十二五"规划也第一次明确提出构建逆周期的金融宏观审慎管理制度框架，这就意味着，在正常的资本充足率要求底限的基础上，商业银行将需增加一个额外的"逆周期"资本充足率。宏观审慎监管政策的出台势必对中国商业银行资本比率或者说资本结构产生深远影响。那么，逆周期监管制度对中国商业银行资本结构调整将会产生什么影响？如何将这一制度变化因素模型化到上述中国上市银行资本结构的动态调整模型中？修正后的动态调整模型预测出中国商业银行资本结构的下一步趋势如何？据此，国家对不同类型银行资本充足率政策如何制定？诸如此类问题，无论对于商业银行的资本管理还是国家的宏观监管调控，均显得非常迫切和重要，也激励着包括作者在内的许多对商业银行及其资本结构的关注者在以后的工作中不断探索。

# 参考文献

[1] Anthony Saunders and Berry Wilson, 1999, "The Impact of Consolidation and Safety-net Support on Canadian, US and UK Banks: 1893-1992", *Journal of Banking and Finance*, Vol. 23, pp. 537-571.

[2] Bradley, M., Jarrell, G. and Kim, E, 1984, "On the Existence of an Optimal Capital Structure: Theory and Evidence", *Journal of Finance*, Vol. 39, pp. 857-878.

[3] Banerjee, S., A. Heshmati, and C. Wihlborg, 2000, "The Dynamics of Capital Structure", SSE/EFI Working Paper Series in Economics and Finance. No 333.

[4] Bradley, M., Jarrell, G. and Kim, E, 1984, "On the Existence of an Optimal Capital Structure: Theory and Evidence", *Journal of Finance*, Vol. 39, pp. 857-878.

[5] Banerjee, S., Heshmati, A. and C. Wihlborg, 2004, "The Dynamics of Capital Structure", *Research in Banking and Finance*, Vol. 4, No. 1, pp. 275-297.

[6] DeAngelo, H. and R. Masulis, 1980, "Optimal Capital Structure under Corporate and Personal Taxation", *Journal of Financial Economics*,

Vol. 8, pp. 3 −29.

[7] Estrella, A., 2004, "The Cyclical Behavior of Optimal Bank Capital", *Journal of Banking and Finance*, Vol. 28, pp. 1469 −1498.

[8] Fama, E. F., and Jensen, M. C., 1983, "Separation of Ownership and Control", *Journal of Law and Economics*. Vol. 26, pp. 301 −325.

[9] Fama, E. F. and K. R. French, 2002, "Testing Trade − off and Pecking Order Predictions about Dividends and Debt", *Review of Financial Studies*, Vol. 15, pp. 1 −33.

[10] Flannery M. J. and K. P. Rangan, 2006, "Partial Adjustment toward Target Capital Structures", *Journal Financial Economic*, Vol. 79, pp. 469 −506.

[11] Friend, I., and L. Lang, 1988, "An Empirical Test of the Impact of Managerial Self − interest on Corporate Capital Structure", *Journal of Finance*, Vol. 43, pp. 271 −281.

[12] Gropp. Reint, and Florian Heider, 2007, "What can Corporate Finance Say about Banks' Capital Structures?", Working Paper, SSRN.

[13] Gilson, S., 1997, "Transaction Cost and Capital Structure Choice: Evidences from Financially Distressed Firms", *Journal of Finance*, Vol. 52, pp. 161 −196.

[14] Grossman, Sanford J. and Hart, Oliver D., 1982, "Corporate Financial Structure and Managerial Incentives", The Economics of Information and Uncertainty, edited by John McCall. Chicago: University of Chicago Press, 1982, pp. 107 −140.

[15] Hoechle, D. Robust, 2007, "Standard Errors for Panel Regressions with Cross − sectional Dependence" [J], *The Stata Journal* (3):

281—312.

[16] Harris, M., and A. Raviv, 1990, "Capital Structure and the Information Role of Debt", *Journal of Finance*, Vol. 45, pp. 321 −349.

[17] Hans Lööf, 2004, "Dynamic Optimal Capital Structure and Technical Change", *Structural Change and Economic Dynamics*, Vol. 15, pp. 449 −468.

[18] Hovakimian, A., T. Opler, and S. Titman, 2001, "The Debt −equity Choice", *Journal of Financial and Quantitative Analysis*, Vol. 36, No. 1, pp. 1 −24.

[19] Ian G. Sharpe, 1996, "Capital Structure Dynamics with Interrelated Adjustment: Australian Evidence", *Australian Journal of Management*,, Vol. 21, No. 2, pp. 89 −112.

[20] Jensen, M. C. and W. Meckling, 1976, "Theory of the Firm: Managerial Behavior, Agency Costs, and Capital Structure" [J], *Journal of Financial Economics*, Vol. 3, pp. 305 −360, 1976.

[21] Jalilvand A. and R. Harris, 1984, "Corporate Behavior in Adjusting to Capital Structure and Dividend Targets: An Econometric Study", Vol. 39, No. 2, pp. 127 −145.

[22] Jensen, M. C. and W. H. Meckling, 1976, "Theory of the Firm: Managerial Behavior, Agency Costs and Ownership Structure", *Journal of Financial Economics*, Vol. 3, pp. 305 −360.

[23] Jensen, M., Solberg, D. P. and Zorn, T. S., 1992, "Simultaneous Determination of Insider Ownership, Debt and Dividend Policies", *Journal of Financial and Quantitatives Analysis*, Vol. 27, No. 2, pp. 247 −263.

[24] Joseph F, Sinkey J., 1998, "Commercial Bank Financial Management: In the Financial Services Industry" [M], 5th Ed. New Jersey: Prentice Hall Inc, pp142 -155.

[25] Kim, W. S. & E. H. Sorensen, 1986, "Evidence on the Impact of the Agency Costs of Debt on Corporate Debt Policy", *Journal of Financial and Quantitative Analysis*, Vol. 21, pp. 131 -144.

[26] Mishkin, F., 2000, "The Economics of Money, Banking and Financial Markets" (6th edition), Addison Wesley, New York.

[27] Myers, Stewart C., 1984, "The Capital Structure Puzzle", *Journal of Finance*, 39, pp. 575 -592.

[28] Makhija and Spiro, 2000, "Ownership Structure as A Determinant of Firm Value", *Financial Review* (35), pp. 1 -31.

[29] Monica Octavia Rayna Brown, "Determinants of Bank Capital Structure in Developing Countries: Regulatory Capital Requirement versus the Standard Determinants of Capital Structure", 2008.

[30] Marcus, A. J., 1983, "The Bank Capital Decision: A Time Series Cross Section Analysis", *Journal of Finance*, Vol. 38, No. 4, pp. 1217 -1232.

[31] Mark J. Flannery and Kasturi P. Rangan, 2002, "Market Forces at Work in the Banking Industry: Evidence from the Capital Buildup of the 1990s", EFA 2002 Berlin Meetings Presented Paper.

[32] Miller, Merton H., 1995, "Do We Really Need More Regulation of Financial Derivatives?", *Pacific - Basin Finance Journal*, Vol. 3 (2 -3), pp. 147 -158.

[33] Rajan G. Raghuram, and Luigi Zingales, 1995, "What do We

Know about Capital Structure? Some Evidence from International Date", *Journal of Finance*, Vol. 50, No. 5, pp. 1421 −1460.

[34] Samu Peura, Jussi Keppo, 2006, "Optimal Bank Capital with Costly Recapitalization", *Journal of Business*, Vol. 79, pp. 2163 −2201.

[35] Torben Pedersen. Steen Thomsen, 2003, "Ownership Structure and Value of the Largest European Firms: the Importance of Owner Identity.

[36] Titman, S. and R. Wessels, 1988, "The Determinants of Capital Structure Choice", *Journal of Finance*, Vol. 43, No. 1, pp. 1 −19.

[37] Walsh, E. J., and J. Ryan, 1997, "Agency and Tax Explanations of Security Issuance Decisions", *Journal of Business Finance and Accounting*, Vol. 24, No. 7, pp. 941 −959.

[38] Wald, J. K., 1999, "How Firm Characteristics Affect Capital Structure: An International Comparison", *Journal of Financial Research*, Vol. 22, pp. 161 −187.

[39] Williamson, Oliver E, 1988, "Corporate Finance and Corporate Governance", *Journal of Financial*, Vol. 43, pp. 567 −591.

[40] Wooldridge, J., 2002, "Econometric Analysis of Cross − sectional and Panel Data", MIT Press, Cambridge MA, p51.

[41] 曹廷求, 郑录军. "我国商业银行效率及其影响因素的实证分析",《金融研究》.2005 第 1 期。

[42] 安宏芳、吕骅, "上市公司资本结构影响因素实证研究",《决策借鉴》2002 年第 5 期。

[43] 冯根福、吴林江、刘世彦, "我国上市公司资本结构形成的影响因素分析",《经济学家》2000 年第 5 期。

[44] 郭鹏飞、孙培源, "资本结构的行业特征: 基于中国上市公

司的实证研究",《经济研究》2003年第5期。

［45］洪锡熙、沈艺峰,"我国上市公司资本结构影响因素的实证分析",《厦门大学学报》2002年（哲学社会科学版）第3期。

［46］黄晓莉,"我国上市公司资本结构影响因素实证分析",《数理统计与管理》2002年第2期。

［47］李善民、刘智,"上市公司资本结构影响因素评述",《会计研究》2003年第8期。

［48］陆正飞、辛宇,"上市公司资本结构主要影响因素之实证研究",《会计研究》1998年第8期。

［49］刘伟、黄桂田,"中国银行业改革的侧重点：产权结构还是市场结构",《经济研究》2002年第8期。

［50］王娟、杨凤林,"中国上市公司资本结构影响因素的最新研究",《国际金融研究》2002年第8期。

［51］王皓、赵俊,"资本结构动态调整模型——沪深股市的实证分析",《经济科学》2004年第3期。

［52］王正位、赵冬青、朱武祥,"资本市场摩擦与资本结构调整——来自中国上市公司的证据",《金融研究》2007年第6期。

［53］肖作平、吴世农,"我国上市公司资本结构影响因素实证研究",《证券市场导报》2002年第8期。

［54］肖作平,"资本结构影响因素和双向效应动态模型",《会计研究》2004年第2期。

［55］朱武祥、郭洋,"行业竞争结构、收益风险特征与资本结构——兼论股票市场资本风险配置效率及融资监管条件的调整",《改革》2003年第2期。

［56］杨德勇、曹永霞,"中国上市银行股权结构与绩效的实证研

究",《金融研究》2007（05）。

［57］连玉君、钟经樊，"中国上市公司资本结构动态调整机制研究",《南方经济》2007年第1期。

［58］张杰，"中国国有银行的资本金谜团",《经济研究》2003年第01期。

［59］张丽华，"我国商业银行资本充足现状及提高比率的路径选择",《金融研究》2004年第10期。

［60］郑鸣、肖健，"资本结构、代理成本与银行价值——基于我国中小股份制银行财务数据的实证分析",《厦门大学学报（哲学社会科学版）》2008年第5期。

［61］易纲、赵先信，"中国的银行竞争：机构扩张、工具创新与产权改革",《经济研究》2001年第8期。

# 附录　非线性部分泰勒展开的基本证明

将方程（16）中的 $\dfrac{1}{e\beta_0 + \sum_m e\beta_m G_{mis}}$ 在各变量的均值处进行一阶 Taylor 展开。由前文可知，$G_{mis}$ 有 2 个变量，$G_1$ 为公司规模，$G_2$ 是成长性，则上式在均值处的一阶 Taylor 展开为：

$$(e\beta_0 + \bar{G}_1 e\beta_1 + \bar{G}_2 e\beta_2)^{-1} - (e\beta_0 + \bar{G}_1 e\beta_1 + \bar{G}_2 e\beta_2)^{-2} e\beta_1 (G_1 - \bar{G}_1)$$

$$- (e\beta_0 + \bar{G}_1 e\beta_1 + \bar{G}_2 e\beta_2)^{-2} e\beta_2 (G_2 - \bar{G}_2)$$

将上式的括号内各式继续展开，并令：

$$\pi_0 = (e\beta_0 + \bar{G}_1 e\beta_1 + \bar{G}_2 e\beta_2)^{-1} + (e\beta_0 + \bar{G}_1 e\beta_1 + \bar{G}_2 e\beta_2)^{-2} e\beta_1 \bar{G}_1$$

$$+ (e\beta_0 + \bar{G}_1 e\beta_1 + \bar{G}_2 e\beta_2)^{-2} e\beta_2 \bar{G}_2$$

$$\pi_1 = -(e\beta_0 + \bar{G}_1 e\beta_1 + \bar{G}_2 e\beta_2)^{-2} e\beta_1$$

$$\pi_2 = -(e\beta_0 + \bar{G}_1 e\beta_1 + \bar{G}_2 e\beta_2)^{-2} e\beta_2$$

我们得到：

$$\dfrac{1}{e\beta_0 + \sum_m e\beta_m G_{mis}} = \pi_0 + \pi_1 G_1 + \pi_2 G_2 \qquad (16)'$$

同理可得：

$$\frac{1}{nk\beta_0 + \sum_m nk\beta_m G_{mis}} = \psi_0 + \psi_1 G_1 + \psi_2 G_2 \tag{17}'$$

将（16）'式代入（16）式，得到：

$$\frac{e\beta_0 - e\beta_0 E\lambda_2 - 1}{e\beta_0 + \sum_m e\beta_m G_{mis}} \Delta YE_{it} + \sum_m \left( \frac{\sum_m e\beta_m + E\lambda_2}{e\beta_0 + \sum_m e\beta_m G_{mis}} G_{mis} \Delta YE_{it} \right)$$

$$= (e\beta_0 - e\beta_0 E\lambda_2 - 1)\pi_0 \Delta YE_{it} + (e\beta_0 - e\beta_0 E\lambda_2 - 1)\pi_1 G_{1is} \Delta YE_{it}$$

$$+ (e\beta_0 - e\beta_0 E\lambda_2 - 1)\pi_2 G_{2is} \Delta YE_{it} + \sum_m \left[ \left( \sum_m e\beta_m + E\lambda_2 \right) \pi_0 G_{mis} \Delta YE_{it} \right]$$

$$+ \sum_m \left[ \left( \sum_m e\beta_m + E\lambda_2 \right)(\pi_1 G_{1is} + \pi_2 G_{2is}) G_{mis} \Delta YE_{it} \right]$$

继续将上式进行化简，最终得到如下表达式（定义 a0 等）：

$$\frac{e\beta_0 - e\beta_0 E\lambda_2 - 1}{e\beta_0 + \sum_m e\beta_m G_{mis}} \Delta YE_{it} + \sum_m \left( \frac{\sum_m e\beta_m + E\lambda_2}{e\beta_0 + \sum_m e\beta_m G_{mis}} G_{mis} \Delta YE_{it} \right)$$

$$= a_0 \Delta YE_{it} + a_1 G_{1is} \Delta YE_{it} + a_2 G_{2is} \Delta YE_{it}$$

$$+ a_3 G_{1is}^2 \Delta YE_{it} + a_4 G_{2is}^2 \Delta YE_{it} + a_5 G_{1is} G_{2is} \Delta YE_{it}$$

同理，将（17）'式代入（17）式，也可得到：

$$\frac{k\beta_0 - k\beta_0 K\lambda_2 - 1}{k\beta_0 + \sum_m k\beta_m G_{mis}} \Delta YNK_{it} + \sum_m \left( \frac{\sum_m k\beta_m + K\lambda_2}{k\beta_0 + \sum_m k\beta_m G_{mis}} G_{mis} \Delta YNK_{it} \right)$$

$$= b_0 \Delta YNK_{it} + b_1 G_{1is} \Delta YNK_{it} + b_2 G_{2is} \Delta YNK_{it}$$

$$+ b_3 G_{1is}^2 \Delta YNK_{it} + b_4 G_{2is}^2 \Delta YNK_{it} + b_5 G_{1is} G_{2is} \Delta YNK_{it}$$

于是最终需要估计的方程便是如下简化线性方程：

$$YE_{it} = E\alpha_0 + \sum_j E\alpha_j F_{jit} + a_0 \Delta YE_{it} + a_1 G_{1is} \Delta YE_{it} + a_2 G_{2is} \Delta YE_{it} +$$

$$a_3 G_{1is}^2 \Delta YE_{it} + a_4 G_{2is}^2 \Delta YE_{it} + a_5 G_{1is} G_{2is} \Delta YE_{it} + (E\lambda_1 -$$

$$E\lambda_2)\Delta YNK_{it} + E\lambda_3 Z_{it} + \sum_t E\gamma_t D \qquad (18)$$

$$YNK_{it} = nK\alpha_0 + \sum_j nK\alpha_j F_{jit} + b_0\Delta YNK_{it} + b_1 G_{1is}\Delta YNK_{it} + b_2 G_{2is}\Delta YNK_{it} + b_3 G_{1is}^2 \Delta YNK_{it} + b_4 G_{2is}^2 \Delta YNK_{it} + b_5 G_{1is} G_{2is} \Delta YNK_{it} + (NK\lambda_1 - NK\lambda_2)\Delta YE_{it} + NK\lambda_3 Z_{it} + \sum_t NK\gamma_t D$$